|2030|
영어 강사
스타트

|2030|

영어 강사
스타트

신경빈 지음

취업, 창업, 성공의 열쇠

1등 강사 SECRET

"영어 강사로 취업하기 위해 반드시 읽어야 할 지침서"

좋은땅

프롤로그
다시 시작

2016년에 《취업에서 창업까지, 영어 강사로 성공하라》를 출판한 이후에 8년이라는 시간이 다 되어 간다. 시간이 굉장히 빠르다. 그동안 참 많은 일이 있었다. 바쁘고 정신없이 인생을 살다 보니 출판사와의 계약기간도 만료되고 출판사의 사정으로 더 이상 책을 출판할 수 없다는 말을 듣고도 2년이 넘는 시간이 흘렀다. 고민이 많았다. 이 책을 더 출판해야 할까? 아니면 새로운 책을 쓸까? 고민 끝에 이 책을 개정판으로 다시 출판하기로 결심했다.

《영어 강사로 성공하라》를 출판한 이후에 메일로 감사하다는 말과 함께 고민을 보내 주신 분들도 있었다. 인생의 진로 문제, 영어 강사로 가고자 하는 방향성에 대한 문제, 잠시 영어 강사를 하다가 취업해 볼까 하는 문제, 현재 자신이 있는 학원에서의 문제점 등 다양한 질문을 보내 주셨다. 그리고 자신의 블로그에 내 책의 내용을 인용하신 독자분들도 계셨다. 직접 만나서 조언을 듣고 싶다는 예비 강사분도 계셨다. 정말로 감사하게 생각한다. 다양한 상황에 부닥쳐 있는 분들이 책을 읽고 공감하고 진로 설정에 도움이 되었다니 정말로 다행이다.

책을 쓴 지가 오래되어서 개정할 부분도 있다는 생각이 들었다. 그래서 원본 파일을 보는데 좀 낯설기도 했다. 초심으로 돌아가서 다시 보면서 어쩌면 잘된 일이라는 생각이 들었다. 이번에 고칠 부분은 조금씩 수정하고 새로운 이름으로 선보이는 것도, 괜찮다는 생각이 들었다. 그래서 문장마다 교정하고 교열하는 작업을 거쳤다. 큰 틀에서는 변함이 없다. 하지만 독자가 읽는 데 좀 더 편안하고 의미 전달이 잘되도록 수정했다. 삭제하거나 추가하기도 했다.

책을 읽는 독자가 이 책을 100퍼센트 만족할 수는 없다. 그런 책은 존재하지 않을 것이다. 수치로 평가할 수는 없지만, 누군가 한 명이라도 읽고 도움을 받는다면 그것으로 만족한다. 내가 겪은 경험과 생각을 통해서 독자에게 작게나마 깨달음을 주고 가이드 역할을 한다면 이 또한 선한 영향력이라고 생각한다. 그러니 혹시나 미흡한 점이 있다면 넓은 마음으로 이해해 주시기를 당부한다.

내가 책을 출판했던 목적을 다시 언급하며 마치려 한다.

오늘도 누군가는 영어 강사를 직업으로 꿈꾼다. 하지만 영어 강사를 학창 시절에 과외 정도로 생각하고 있다면 그것만이 전부가 아니라는 걸 알려 주고 싶다. 당신이 만약 초보 강사라면 이 책이 앞으로 학원에서 근무하는 데 도움을 줄 수 있기를 바란다. 당신이 영어에 재능이 있어 청소년을 가르치고자 한다면 영어만 잘해서 되는 것도 아님을 알려 주고 싶다. 당신은 이 분야에만 몰두하여 현재의 나보다 낫기를 바란다. 그래서 이 분야에서 성공할 수 있기를 진심으로 기원한다.

영어 강사를 잠시 지나가는 과정으로 생각하고 다른 꿈을 가지고 있다면 다시 생각해 보기를 바란다. 직접 경험해 본 나로서는 권하고 싶지 않다. 지금 당장 현실의 어려움으로 시작하려 한다면 마음을 접고 자신이 원하는 꿈을 향해 계속 전진해라. 만약 그렇지 않다면 당신의 꿈과도 멀어지게 되고 강사로서의 성공도 점점 멀어지게 될 것이다. 결국은 어느 쪽에서도 성공할 수 없는 상황에 부닥치게 된다.

강사라고 다 같은 강사도 아니고 경영자라고 다 같은 경영자도 아니다. 하루하루 준비를 통해 최고의 강사, 최고의 경영자가 될 수 있다. 이 책을 통해서 미래에 강사가 되고자 막연히 희망만 품고 있는 10대 학생들, 실제로 강사로 취업을 희망하는 2030 예비 강사, 현직에 종사하는 강사, 경영하고자 하는 예비 경영인, 현재 경영을 하는 경영자 모두가 조금이나마 도움이 되기를 바란다. 나의 경험과 깨달음이 이 세상에 도움이 되기를 진심으로 바란다.

이 책의 모든 내용은 내가 직접 느낀 경험을 바탕으로 구성했다. 지금까지 누구에게도 말하지 못했던 나의 삶, 나의 인생을 진솔하게 보여 준다. 어학원 영어 강사가 자기 경험과 노하우를 생생하게 진달해 주는 책은 없다. 이는 아마도 쉬운 직업이라고 생각하기 때문이다. 하지만 세상에 쉬운 직업이란 없다. 이 책을 통해서 영어 강사의 삶을 독자와 공유하고 공감할 수 있기를 진심으로 바란다.

　이 책을 읽는 모든 사람이 하나님의 은혜가 있기를 기도한다.

신경빈

목차

제2장 직업으로서 영어 강사가 알아야 할 것들

제3장 어학원으로 취업하자

제4장 정답이 없는 교수법, 공유하고 창조하자

제5장 1등 수업에는 전략이 숨어 있다

제6장 1등 강사가 되기 위한 조언

제7장 미래를 설계하라

제1장

영어 강사가 되기 전 점검해야 할 것들

1. 확실한 비전(Vision)으로 시작해야 한다

출발과 결과는 왜 달랐을까?

1) 영어에 흥미를 갖다

내가 영어를 처음 접하게 되었을 때는 초등학교 5학년 때로 거슬러 올라간다. 그때는 지금처럼 초등학교 때부터 영어를 가르치지 않았고 영어 학원도 거의 없던 때였다. 한때 인기 있었던 드라마 〈응답하라 1988〉과 비슷한 시대라고 생각하면 이해하기 쉬울 것이다. 그때는 가정환경이 불우했고 먹고사는 문제가 최대의 이슈였다. 우리 집도 예외는 아니었다. 부모님은 힘든 가정환경에 교육까지 신경을 쓸 마음의 여유가 없었다.

그런데 어느 토요일 낮에 예쁜 아가씨가 집을 방문했고 어머니와 대화했다. 지금 와서 생각하면 그 여성은 학습지를 판매하는 사원이었다. 빨간 플라스틱 박스에 테이프와 교재가 잔뜩 들어 있었다. 어머니의 말에 따라서 나는 그 판매사원을 따라갔다. 그곳은 나처럼 초등학생들이 가득 차 있었고 금발의 뚱뚱한 외국인 한 명이 아이들과 함께 어떤 놀이를 하고 있었다. 모든 것이 생소한 나는 그냥 앉아서 보다가 돌아왔다. 나는 그 이후로 일주일에 한두 번 그 학원을 갔다. 내가 중학교 때 교재와 테이프에 적힌 걸 보고서야 Oxford 영어사라는 걸 알았다. 그곳에서 특별히 영어를 가르쳐 주는 건 없었다. 책에 단어가 있고 색연필로 색칠하거나 선으로 연결하거나 하는 식의 교재구성이었다. 1단계부터 6단계까지 6권의 책으로 구성되어 있던 걸로 기억한다.

수업이 따로 있어 가르침을 받거나 하는 건 아니었다. 집에서 몇 장 정도 작성해서 가거나 시간이 없을 때는 그 학원의 교실에서 잠시 작성하곤 했다. 그렇게 해서 가지고 가면 젊은 한국인 선생님(지금 생각하면 영문과 대학생 정도 되는 사람)이 책을 보고 간단하게 질문을 했다. "What's that? What color is it?" 그러면 나는 대답을 했다. 영어로 간단하게 책에 있는 걸 보고 대답하면 나중에는 잘했다고

Good이라고 사인해 주는 정도였다.

어머니는 바빠서서 내가 그곳을 잘 다니고 있는지 확인하실 수도 없었다. 하지만 나는 어머님이 비싼 돈을 주시고 사 주셨다는 생각에 꾸준히 갔다. 그리고 책의 내용을 녹음한 테이프를 큰 오디오를 통해 틈틈이 들었다. 이를 통해서 나는 기초적인 단어를 배울 수 있었고 영어에 친숙해졌다. 이로 인해 초등학교 때 학교 육상부에 소속되어 있어 공부와 멀리 지냈던 내가, 중학교에 와서 흥미롭고 재미있었던 과목이 영어였다. 그때 수업을 바탕으로 영어 공부에 있어 순조로운 출발을 했다. 비록 단어만을 배웠으나 재미있어서 문법(Grammar)과 읽기(Reading)도 스스로 학습하게 되었다.

2) 아르바이트로 영어 강사를 시작하다

24살에 처음으로 영어를 가르쳤다. 군대를 갓 제대하고 복학을 한 시점이었는데, 부모님의 경제적인 부담을 덜어 주고자 아르바이트했다. 지역신문을 보고 무엇을 할까, 고민하다가 입시학원에서 영어 강사를 뽑는다는 공고를 보고, 전화하고 무작정 이력서를 가지고 갔다. 그때는 인터넷 초기 시대였기 때문에 E-Mail이나 홈페이지도 활성화되어 있지 않은 상황이었다. 그래서 전화하고 이력서를 들고 직접 찾아갈 수밖에 없었다.

학창 시절에 영어를 배우기 위해서 학원에 간 적은 있으나 이렇게 돈을 벌 목적으로 가는 건 처음이었다. 학창 시절 때와는 느낌이 사뭇 달랐다. 더욱이 낮에 학원에 가 보니 정말로 조용했다. 나는 입구에서 원장과 마주쳤고 우리는 잠시 대화했다. 그런데 갑자기 원장은 중학교 문제집을 주고 강의실에서 시범 강의를 부탁했다. 열정만 넘쳤던 나로서는 당황스러웠지만 큰 목소리로 5분 정도 보여 주었다. To부정사에 대해서 했던 걸로 기억한다. 처음이기 때문에 제대로 하지 못했다.

군 입대 전에 방송국에서 아르바이트한 것과 공사장에서 노동일을 한 것이 전부인 내가, 단지 영어가 재미있어 공부만 했었지, 사람을 가르쳐 본 적은 없었다. 그런 나의 시범 강의를 원장이 만족할 리는 없었다. 원장은 시범 강의가 끝난 후에 자신이 직접 칠판에 시범을 보이며 뽐내듯 수업을 보여 주었다. 나는 의아하게 바라보기만 했었다.

"이곳은 떨어졌다, 안되겠구나" 하며 포기하고, 다음 날 부담 없이 다른 학원에 전화하고 찾아갔다. 첫 번째의 실패를 발판 삼아 두 번째 학원에서는 조금 더 진지하게 임했다. 어제 면접 보았던 원장의 시범 강의를 모델 삼아 5분 정도 수업했다. 원장은 일주일에 3번 정도, 하루에 2~3시간 정도의 수업이며 한 달에 보통 40만 원 정도가 될 거 같다며 함께 일을 해 보자고 제안했다. 당시 내가 군 입대 전에 관공서에서 한 달 동안 평일 9시부터 6시까지, 토요일 9시부터 12시까지 일해서 받은 돈이 고작 50만 원 정도였으니, 이 정도면 정말로 아르바이트로서는 적은 돈이 아니었다.

그때부터 내 인생에 영어 강사라는 삶의 이력이 생기게 되었다. 지금 생각하면 무모하고 철없고 열정만 가득했던 나이였던 거 같다. 모든 일을 함에 있어 부담이 없는 나이였고 세상 모든 것에 호기심이 왕성했다. 생각하는 대로 모든 것이 이루어질 거로 생각하던 때였다. 막연하게 아르바이트로 접근했던 영어 강사가 쉽게 이루어지자, 나는 직업으로서의 영어 강사를 쉽게 생각하고 누구나 할 수 있다고 생각했다. 그런데 바로 이런 생각이 문제였다.

3) 잠시 지나가는 과정으로 영어 강사를 생각하다

누구나가 바라는 직업이 있다. 그것을 통해 기쁨과 행복을 느끼면서 잘살고 싶어 한다. 나도 그런 직업에 대한 꿈과 희망이 있었다. 그러나 군 입대로 인해서 보류하고 있었다. 제대하고 나서 복학하고 정신없이 아르바이트하다 보니 여유가 없었다. 대학교 3학년쯤이 되어서야, 직업으로서 내가 하고 싶은 일에 대한 도전을 할 수 있었다. 열심히 배우고 노력했으나 쉽지만은 않았다. 졸업은 했는데 취업은 힘들었다. IMF의 여파로 계속 이어진 경기 침체로 취업난이 가중되고 있었다. 계속 쉴 수 없어 대학원을 가려고 했으나 이 또한 쉽지 않았다. 경제가 어려워 취업을 보류하고 대학원 진학을 희망하는 사람들이 늘어, 인기가 없어 미달이던 대학원의 경쟁률이 사상 최고였기 때문이었다.

갈수록 삶의 의욕은 없어지고 열정도 시들어 갔다. 혼자 공부하는 것이 큰 부담으로 다가왔다. 경기 침체로 집안 사정도 어렵다 보니 부모님께 용돈 받는 것도 죄송했다. 꿈을 위한 준비도 계속할 수 없었다. 너무 힘들고 의욕이 없어 집에 잠시 쉬려고 내려갔다가 문득 지역신문을 보게 되었다. 집에서 멀지 않은 곳에서 학원 강사를 모집하고 있었다. 아르바이트 때 쉽게 생각했고 쉽게 일을 할 수 있었기 때문에 편하게 지원했고 합격해서 바로 일을 할 수 있었다. "잠시 쉬자, 아르바이트로 돈을 번다고 생각하자."라는 마음으로 임했다. 정말로 아무런 생각도 목표도 없었다. 나는 아직 젊어서 언제든 내 꿈을 향해 도전할 수 있다고 생각했다.

4) 생계를 위해서 영어 강사를 선택하다

대학원에 입학하였으나 경제적인 사정이 좋지 않았다. 주거비와 생활비를 포함해서 가지고 있는 돈은 바닥이 보였다. 조교에 지원해서 수업료에 보태려 했으나 한정된 자리로 인해 떨어졌다. 방법이 없어 대학원에 다니면서 수많은 회사에 이력서를 제출하기도 하고 취업 박람회에도 가 보았다. 정말로 절실하게 취업하고 싶었다. 밤을 새워서 회사마다 다른 이력서와 자기소개서를 작성했으나 몇 곳의 면접만 보았을 뿐 나를 받아 주는 곳은 없었다. 취업난이 심각한데 나이도 많으니 쉬울 리 없었다.

대학을 졸업한 직후나 현재 상황은 다를 바가 없었다. 어쩔 수 없이 대학원을 중퇴할 수밖에 없었다. 성과 없는 시간은 그냥 흘러만 갔다. 이렇게 시간을 낭비하면 안 된다는 생각이 들었다. 진정으로 내가 하고 싶은 걸 할 수 있는 시간이 지금이라는 생각에 다시 꿈을 향해 도전했다. 모든 것을 뒤로한 채 도전했지만, 결과는 좋지 않았다. 하숙집에서 춥게 보내면서 노력했음에도 건강만 나빠지고 빈곤함만 찾아왔다. 돈은 없고 취업은 더더욱 안 되고 하루하루 힘든 날을 보냈다.

그때 눈에 들어온 것이 TESOL이었다. 이명박 전 대통령이 당선되면서 내세웠던 영어 강사 양성제도를 통해서 TESOL이 인기를 끌게 되었다. 이때 나는 생계를 위해서 영어 강사를 해 보자는 생각을 했다. TESOL이 영어 강사가 되기 위해서 꼭 필요한 선 아니었지만 새로운 마음가짐으로 새롭게 출발하고자 TESOL에 도전했다. 이를 통해서 다양한 교수법을 배우고 실습으로 가르쳤던 감각도 회복할 수 있었다.

이후에 운이 좋게도 최고 인기를 구가하던 대형어학원의 영어 강사로 취업하여 다시 영어를 가르치게 되었다. 힘든 시기로 인해 돈이 필요했고, 일해야만 했다. 힘들지만 돈을 벌어서 빚도 갚고 사람처럼 살고 싶었다. 형편이 어려운 부모님께 더는 손을 벌리고 싶지 않았다. 돈이 없어서 양말 한 켤레를 사려고 해도 망설였던 점이 떠올랐고 추운 하숙집에서도 벗어나고 싶었다. 그리고 사람들과 어울리며 살고 싶었다. 매일 혼자 식사하고 혼자 공부하고 혼자 생활해야만 했던 것들에서 벗어나고 싶었다. 꿈도 잠시 잊은 채 정말로 하루하루 일찍 출근해서 최선을 다했다. 부족한 면도 많았고 오랜 마음고생으로 약해진 몸이 아플 때도 있었지만 열정으로 극복했다. 설명회와 박람회 등에서 진행도 해 보았고 베스트 강사로 뽑히기도 했었다. 이렇게 다시 강사의 삶이 시작되었다.

이렇게 또다시, 나는 동기와 목표도 없이 돈을 벌어야 한다는 생각으로 영어 강사를 시작했다. 생계를 유지하기 위해서 어쩔 수 없는 선택을 했다. "돈을 벌고 내가 여유가 생기면 꿈을 향해 도전도 할 수 있을 거야."라고 생각하며 나 자신을 위로했다.

동기와 목표를 가지고 도전하라

나는 어릴 때 영어에 흥미와 재미를 느꼈고 아르바이트와 직업으로서 영어 강사를 할 수 있었다. 영어 강사가 되기 위해 교육을 받은 것도, 별도의 취업 준비를 한 것도 아니지만, 영어 강사로서의 길이 열렸다. 그런데 나는 확실한 목표 의식이 없었다. 왜냐하면, 내 마음속에는 다른 직업이 자리 잡고 있었기 때문이다. 내가 평생 하고 싶은 직업이 있었다. 학생들을 가르치면서도 마음 한쪽은 나의 꿈을 이루기 위해서 잠시 머무른다고 생각했다. 지금 서 있는 분야에서 최고가 되려고 하지 않았다. 미래의 설계도가 없었다. 책임감 있게 열심히 일했으나 미래보다는 지금의 생계유지에만 급급했다. 매일 바쁘고 힘들게 보냈기에 꿈을 향해 배우거나 노력할 시간도 없었다. 그래서 결과적으로는 원하는 직업, 원하는 꿈을 이루지 못했고 영어 강사로서도 확고한 위치에 서지 못했다. 초라하고 빈곤한 삶이 되었다.

누군가는 다니던 회사를 그만두고 영어 강사의 길로 들어서고, 누군가는 영어 강사를 하다가 다시 일반 회사의 길로 들어선다. 어학원의 강사도 나이가 많으면 채용이 잘 되지 않는다. 일반 회사와 비슷하다. 강사의 끝은 자신이 직접 어학원이나 공부방 등을 경영하는 것이다. 지원하고자 하는 학원의 담당자들은 자신보다 젊은 사람을 채용하려 한다. 강사들을 더 쉽게 통제하고 싶어서다. 또한, 청소년기의 학생들을 가르치는 특성상 젊은 선생님을 선호하기 때문이다. 나이가 들어서도 자신보다 경력이 짧은 강사 앞에서 시범 강의하고 주관적인 평가와 혹독한 면접을 하는 건 서러울 수 있다. 나는 많은 학원에서 면접을 보고 나오는 길에 "내가 왜 이렇게 되었을까."라고 생각했다. 하지만 후회해도 소용없었다. 때는 이미 늦었으므로.

당신은 나처럼 되지 않기를 바란다. 영어 강사로서 확실한 동기와 목표를 가지고 도전하기를 바란다. 그래야 장래도 밝다. 이것이 바로, 나의 삶을 통해 당신에게 전해 주는 메시지다.

비전(Vision)이 성공으로 가는 초석이다

당신은 선택해야 한다. 위의 방법이 꼭 아닐 수도 있다. 하지만 자신만의 목표 설정이 필요하다. 미래를 설계해야 한다. 회사원도 그렇고 강사도 그렇다. 언젠가는 직장을 떠나야 한다. 천년만년 있을 수 있는 곳은 없다. 내 회사가 아니다.

A 강사는 초등부에서 가르치다가 중등부로 올라왔다. 대부분 초등부 선생님들은 중등부에서 가르치려 하지 않는다. 자기 적성에 맞지 않기 때문이다. 그런데

A 강사는 회사의 정책상 어쩔 수 없이 올라왔지만 어려운 TOEFL이나 TEPS도 배우면서 수업했다. 창의적 아이디어로 회사의 수익에 도움을 주었고 각종 발표회에서도 우수한 성적을 거두었다. 비록 처음에는 수업에 대한 두려움도 있었고 강사들의 시기, 질투도 있었다. 하지만 비전이 있었기에 모든 일을 의연하게 대처했다. 그리고 꼼꼼하고 책임감이 투철해 학생들의 등록률도 높았다. 그래서 승진의 승진을 거듭하였고 결국에는 캠퍼스 원장이 되었다.

B 강사는 명문대를 졸업하고 취업이 되지 않아 과외를 하며 생계를 유지했다. 지인을 통해서 어학원에 방학 특강 강사로 일하게 되었고 실력을 인정받아 정규직 강사가 되었다. 가르치는 능력도 좋고 학생들과의 친화력도 뛰어났다. 등록률도 좋고 동료들과의 관계도 좋았다.

4년 만에 초고속 승진으로 원장을 맡게 되었다. 하지만 원생이 줄어들고 특별한 대안을 제시하지 못하자 구조조정의 대상이 되었다. 1년 만에 다른 캠퍼스의 교수부장으로 강등되었다. 회사는 간접적으로 퇴사를 원한 거였는데, 한 집안의 가정으로서 어쩔 수 없이 승낙하자 회사는 당황해하며 본사의 입시분석 소장으로 임명했다. 형식적인 자리라서 특별히 하는 일이 없었다. 결국은 다른 캠퍼스의 강사로 파견 가게 되었다.

C 강사는 1년 정도 고등부에서 가르치다가 중등부 어학원으로 온 경우다. 실력은 있으나 중등부 학생들과 눈높이가 맞지 않아 고민을 많이 했다. 스타강사의 강의 스타일을 모방해서 판서가 기계적으로 맞춘 느낌은 있지만, 그 또한 그 강사의 노력으로 이루어진 스타일이기에 나쁘지는 않았다. 하지만 한 여강사를 좋아하게 됐고 남자의 직업으로서 강사가 맘에 들지 않는다는 말에 회의를 느꼈다. 또한, 등록률이 저조하다는 원장의 계속된 압박감에 사표를 내고 공무원을 준비하겠다고 떠났다.

비전을 가지고 접근하느냐와 그렇지 않으냐는 시작 단계에서는 별 차이가 나지 않는다. 하지만 중반부터 낙오자와 성공자로 나누어진다. A 강사의 경우 비전이 있기에 힘든 과정을 견디어 내고 원장의 자리까지 올랐다. B 강사는 운이 좋아 승진은 했으나 허덕였다. C 강사는 낙오자가 되었다. 비전의 차이는 이렇게 크다.

단지 취업이 되지 않는다는 이유와 쉽게 접근할 수 있는 직업이라는 이유로 선택하지 말자. 잠시 도피하겠다는 생각은 버려라. 오히려 강사라는 직업이 자기가 진심으로 도전하고자 하는 분야를 가로막는 장애가 될 수도 있다.

어학원에서는 원어민, 유학파, 교포, 명문대 영문과 출신 등 다양한 스펙을 가지고 있는 사람들과 경쟁해야 한다. 스펙 때문에 똑같은 양의 일을 해도 처우가 다를 수 있고 승진이 되지 않을 수도 있다. 이외에 다양한 이유로 좌절할 수도 있다. 이를 극복하기 위해서는 확실한 비전(Vision)이 있어야 한다. 그래야 꾸준히 전진할 수 있다.

전진 속에 미래도 있고 성공도 있다. 대충 머무르려고 해서는 오래 있기 힘들다. 당신이 영어 강사가 되고자 한다면 반드시 고민해야 한다. 비전(Vision)이 곧 성공이다.

2. 학생들을 좋아하는 게 전부는 아니다

관리와 책임이 필요하다

강사의 지원동기 중에 학생들을 좋아한다는 이유가 있다. 이는 학생들을 어리고 귀여운 아이들로만 생각하기 때문이다. 그렇다면 과연 아이들을 좋아하는 것만으로 영어 강사가 될 수 있을까? 그럼 놀이방에서 일하는 강사들은 모두 아이들을 좋아할까? 나는 아니라고 생각한다. 물론 학생들을 좋아하면 장점이 될 수는 있다. 하지만 그것만으로는 부족하다. 학원은 자신이 좋아하는 성격의 아이들만 모여 있는 곳이 아니다. 각기 다른 개성의 아이들 모두를 관리하고 가르쳐야 한다. 수업

중에 아이들이 떠들고 장난치는데, 학생들을 좋아한다고 다 이해할 수 있을까? 강사는 수업을 듣는 학생 진체를 관리해아 할 책임도 있고 지식을 전달할 의무도 있다. 한 학생으로 인해서 다른 학생들에게 피해가 발생한다면 이 또한 강사의 책임으로 돌아간다.

학생들을 좋아한다는 이유로 수업 시간에 먹을 것을 사다 주고, 장난을 받아 주게 되면 학생들은 그 강사의 존재 자체를 부정하게 된다. 그래서 나중에는 강사가 있어도 없는 거처럼 행동하고 떠든다. 강사의 통제권에 반항하며 이탈하려 한다. 이럴 때 화를 내면 오히려 역효과가 나서 학원을 끊어 버리는 결과가 생긴다. 물론 강사의 마음을 이해하는 학생들도 있다. 강사의 마음을 이해하고 잘 따르려고 한다. 자라나는 학생들이다. 예측하기 힘든 시기이다. 그래서 강사에게는 관리와 책임이 따른다.

마음이 더 중요하다

당신이 강사가 되려면 단순히 좋아한다는 마음보다는, 교육자 관점에서 실력을 향상해 영어로부터 조금이나마 해방감을 주는 것을 목표로 해야 한다. 학생들을 좋아하는 건 길어야 3개월이다. 좋아하는 것만으로는 오래 가르칠 수 없다. 남녀가 사랑해서 결혼하지만 나이가 들면 사랑보다도 정으로 산다고 하는 것과 같은 이치이다. 사랑만으로는 오랜 시간 함께 지낼 수 없다. 마찬가지다. 강사는 학생들을, 때로는 부모님의 마음으로 바라봐야 하고 때로는 친구나 형, 누나처럼 바라봐야 한다. 학생들을 좋아하는 것은 장점이 되나 지속력에는 한계가 있다. 좋아하는 마음보다는 학생들이 잘되기를 바라는 마음이 더 중요하다.

일부 비율제 강사의 경우 학생들을 돈으로 보는 경향이 있다. 한 명이 곧 자신의 월급과 연결되기 때문이다. 하지만 학생 한 명 한 명을 돈으로 보지 말고 그들의 미래를 생각해서 쉽게 지식을 전달하고 이해시켜 줄 방법에 초점을 맞추어야 한다. 돈으로 보면 영혼이 없는 수업이 된다. 진정성이 없는 가르침이 된다. 자기 자녀라고 생각하고 부모의 마음, 사랑하는 마음으로 가르쳐야 한다.

좋은 기억으로 남는 강사가 되자

사람은 누구나 배우고 가르치는 관계가 될 수 있다. 때로는 강사가 될 수도 있고 학생의 입장이 될 수도 있다. 나도 역시 배우는 입장이 되었던 적이 많다. 그런데 생각해 보면 안 좋은 감정으로 남는 강사가 있다. 학생을 가볍게 생각해서 배려 없이 감정을 건드리는 강사도 있었고 모욕감을 느끼게 하는 강사도 있었고 시간 약속을 지키지 않는 강사도 있었다. 학생 한 명 한 명을 돈으로 보는 강사도 있었다. 수업 준비도 안 하고 오는 강사도 있었다. 학생에 대한 기본 예의가 없던 강사도 있었다. 이런 강사는 배운 기억보다는 나쁜 기억만이 남는다.

하지만 좋은 기억으로 남는 강사도 있다. 조금이라도 더 가르쳐 주기 위해서 노력하고 수업 준비도 철저하게 해서 열정적으로 가르치는 강사도 있었다. 정말로 학생들이 잘되기를 바라는 마음이 느껴졌다. 마음으로 전달이 되었다.

좋은 기억으로 남는 강사가 될 것인지 나쁜 기억으로 남는 강사가 될 것인지는 당신의 마음에 달려 있다. 그래서 가르치는 것에는 책임이 따른다. 배우는 학생들은 몰라서가 아니라, 말을 하지 않는 것이다. 괜히 강사에게 안 좋은 이미지가 되고 싶지 않은 것이다. 결국 그 학생은 교실에서 사라진다. 학생이 사라지기 전에 마음으로 가르치는 강사가 되자. 이 책을 읽는 당신은 먼 훗날에 좋은 기억으로 남는 강사가 될 것으로 믿는다.

3. 영어를 잘하는 것보다는 잘 가르쳐야 한다

아는 것과 가르치는 것은 다르다

축구 선수가 당연히 축구를 잘해야 한다. 가수가 노래를 잘해야 가수지 노래를 못하면 가수가 아니다. 마찬가지다. 영어 강사라면 기본적으로 영어를 잘해야 한다. 그러면 '영어를 어느 정도 잘해야 하느냐?'는 질문이 나온다.

영어 강사들의 실력은 천차만별이다. 인증시험 점수가 월등히 높은 강사도 있고 테솔(TESOL)과 같은 영어 수료증이 있는 경우도 있고 영어권 국가에서 연수나 유학을 갔다 온 강사도 있다. 외국을 나가 보지 않았지만, 국내에서 열심히 해서 남들에게 보여 줄 만큼의 실력을 갖추고 있는 강사도 있고 영어를 전공한 것도 아니고 외국에 한 번도 가 본 적도 없는 강사도 있다. 다양한 배경의 강사들이 이 분야에 종사하고 있다. 또한, 영역별로 보면 문법(Grammar)이 더 강한 강사도 있고 듣기(Listening)가 상대적으로 약한 강사도 있다. 하지만 모두가 영어를 가르치고 있다. 영어에 나름의 흥미가 있고, 공부도 열심히 한 사람들이 모여 있다.

그런데 문제는 강사가 영어만 잘해서는 안 된다는 것이다. 강사는 잘 가르쳐야 한다. 아는 것과 가르치는 것은 전혀 다른 문제다. 자신이 가지고 있는 지식과 공부한 내용을 학생들에게 잘 전달해야 하고 이해시켜야 한다. 가르치는 것은 노력이 필요하다. 학생들이 제대로 이해하지 못하면 강사는 자신의 부족한 면을 보강하고 가르치는 실력을 쌓기 위해 노력해야 한다.

강사는 학생들이 어떻게 하면 쉽고 빠르게 이해할까를 고민해야 한다. 문법(Grammar)이라면 정의를 어떻게 설명하고 어떤 예문을 사용할 것인지, 어떻게 점검하고 어떤 과제를 줄 것인가 등을 생각해야 한다. 출제 빈도가 높은 문제가 무엇이고 반드시 기억하는 방법에 대해서 고민해야 한다. 읽기(Reading)라면 쉽게 요약하고 정리할 수 있는 실력과 빠르게 문제를 풀 수 있는 방법에 대해서 생각해야 한다.

강사는 학생들에게 길잡이가 되어야 한다. 학생들에게 자신만의 노하우를 전수해 주고 든든한 조언자가 되어야 한다.

나는 컴퓨터도 모르시는 어머님께 스마트폰을 개통해 드린 적이 있다. 어머니께 문자 쓰고 전송하는 법, 전화 걸고 받는 방법 등을 수십 번은 설명했다. 지금은 잘하시지만, 그때는 힘들었다. 이처럼 아는 것과 가르치는 건 정말로 다르다. 강사는 학생들이 쉽게 이해할 수 있도록 설명해야 한다.

모든 것은 강사의 책임이다

내가 열심히 가르쳤지만, 학생이 이해하지 못했다면, 그래서 성적이 나오지 않아 그만둔다면 그것은 강사의 책임이다. 강사가 최선을 다했다고 해도 원장이나 팀장 그리고 학부모는 책임회피로 보는 경우가 많다. 그래서 힘든 것이다. 자신은 최선을 다했지만, 주변은 그렇게 생각하지 않는다. 이런저런 이유를 들어 어떻게 최선을 다했는지 점검한다. 빈틈이 나오지 않는 사람이 어디 있을까. 최선을 다하고도 그런 대접을 받는다면 의욕이 떨어질 것이다.

영어 강사는 영어만 잘하면 된다고 생각하지 말자. 자기 능력만 뽐내면 되는 직업이 아니다. 혼자서만 열심히 한다고 해서 인정받는 직업이 아니다. 하지만 너무 낙심하거나 겁먹지 마라. 내가 이런 글을 쓰는 건 당신들의 꿈을 꺾으려고 하는 게 아니다. 현실을 말해 주는 것이다. 사실 언어를 배운다는 게 쉽지 않다. 영어권 국가에서 출생해서 자연스럽게 습득된 영어가 아니기 때문에 당연히 성장이 이루어진 이후에는 쉽게 받아들이기 어렵다.

우리가 영어를 공부한 시간을 따져 보자. 어떤 한 분야에서 성공하려면 1만 시간을 투자하라고 하는데 한국 사회에서는 이보다 더 긴 시간 영어에 투자한다. 우리는 한국에서 태어나서 20년 이상을 한국어를 사용하며 살고 있다. 하지만 아직도 우리말을 다 모르고 있다. 스피치학원을 다니며 보다 적절한 표현법에 대해서 배우고 있다. 언어는 그런 것이다. 생성과 소멸, 진화를 반복하는 언어를 배우는데 끝이 없다.

이런 언어를 강사가 잠시 가르쳐서 좋은 결과는 내기란 어려울 수 있다. 개개인의 편차도 클 것이다. 비단 영어만 아니라 모든 과목은 강사만 노력해서는 안 된다. 학생도 노력해야 한다. 집에 돌아가서도 복습도 하고 문제도 풀고 과제도 열심히 해야 한다. 오로지 강사만 잘 가르친다고 되는 문제가 아니다. 그러니 자신이 너무 부족하다고 자책하거나 기가 죽을 필요는 없다. 최선을 다해서 연구하고 가르치면 성적이 오르는 학생도 분명히 있다. 그 학생들은 당신에게 감사함을 표현할 것이다. 당신이 영어 강사가 되려면 아는 것을 상대방에게 잘 이해시킬 수 있어야 한다는 것을 명심하자.

4. 매일 공부해야 한다

낡은 교재로 반복하는 시대는 지났다

영어 강사가 되고자 하는 당신에게 나는 묻는다. 매일 새로운 단어를 외우며 새로운 주제를 공부할 수 있는가. 왜냐고? 생각할 필요도 없다. 당신이 가르치려는 분야를 당신이 먼저 공부해야 하는 건 당연하다. 모르는 것을 가르칠 수 있는 사람은 없다. 영어가 모국어인 원어민 강사조차 공부한다. 설령 자신이 아는 분야라고 해도 강사는 공부해야 한다. 지금 가르치려는 주제와 조화를 이루도록 깊게 공부해야 한다.

다른 직업은 안 그럴 것으로 생각하는가. 공부하지 않는 직업은 없다. 영업사원은 자신이 팔고자 하는 상품을 공부한다. 매번 새로운 상품이 나올 때마다 직접 사용해 본다. 그러면서 고객에게 어떤 점을 부각할지를 생각한다. 또한, 고객이 궁금해할 사항을 정리하여 답변을 준비하기도 한다. 영어 강사는 이보다 더 심하면 심했지, 덜하지는 않다. 왜냐하면, 매번 새로운 내용이기 때문이다. 한 권의 책을 가르칠 때마다 새로운 내용, 새로운 단어, 새로운 문제들로 구성되어 있어 미리 공부해야만 가르칠 수 있다.

토플(TOEFL) 교재를 보면 다양한 지문이 나온다. 역사, 철학, 의학 등의 많은 분야와 관련된 새로운 지문이 등장한다. 가르치려면 당연히 강사가 먼저 공부해야 한다. 강사가 모든 영역의 배경지식을 가지고 있는 건 아니다. 강사가 공부하면서 어떤 제목, 내용구성 그리고 질문의 접근방법 등을 파악해야 한다. 이를 기반으로 레슨플랜(Lesson Plan)을 작성해야 한다. 필요하다면 검색을 통해서 지식을 쌓아야 한다.

1970~1980년대는 영어교육 시장이 지금처럼 크지도 않았고 학원도 거의 없어서 유명한 저자가 만든 교재로 반복해서 가르쳤다. 그래서 몇 페이지에 어떤 내용이 나오는지를 외우고 있는 강사도 있었다. 하지만 현시대를 살아가는 학생들에게는 같은 교재는 더 이상 의미가 없다. 영어교육이 성장함에 따라서 학생들의 수준도 올라갔다. 그리고 무엇보다도 서점에는 수많은 영어책이 쏟아져 나온다. 다양한 수준의 책들로 다양한 수준의 학생들을 가르치는 게 이 시대의 흐름이다.

이제는 강사를 평가하는 시대다

일반적으로 회사에 들어가면 고등학교 때처럼 공부하지 않는다. 공부하는 것이 아니라 업무를 오래 한다고 볼 수 있다. 하지만 영어 강사는 고등학교 때처럼 공부해야 할 때도 있다. 토플(TOEFL)을 가르칠 때, 전문 분야의 어휘가 있는 긴 지문과 다양한 유형의 문제를 풀어 보아야 한다. 그런 교재가 여러 권이 있을 때 투자해야 하는 시간이 상당하다. 2시간씩만 잡아도 4권이면 8시간이다. 그리고 배경지식이나 테스트를 위한 시험지를 만드는 시간도 포함하면 시간은 더 걸린다.

매일 새로운 내용을 공부해서 가르쳐야 한다. 여기에 읽기(Reading)와 듣기(Listening)가 혼합되면 더 복잡해진다. 좋게 말해서 수업 준비지 공부하는 것이다.

그래서 어떤 강사는 낮은 레벨의 수업만 가르치고 싶다고 한다. 교재가 쉬워서 공부를 별로 하지 않아도 된다고 생각한다. 하지만 낮은 레벨의 수업만 하다가 시간이 흐르고 나서 돌아보면 자신의 발전은 없다. 발전이 없다는 것은 자신의 영어 실력도 그대로라는 것이다. 이직할 때 경쟁력도 없다. 성장이 없는 삶은 죽은 삶이다. 3개월만 낮은 레벨을 가르쳐도 영어에 대한 감이 떨어졌다는 것을 알 수 있다. 높은 레벨에 대한 자신감은 더 떨어진다. 낮은 레벨은 가르치는 것보다도 관리해야 할 것이 많다는 점도 알아야 한다.

요즘은 학생들이 강사를 평가하는 시대다. 그만큼 학생들의 교육 수준이 높아졌다. 더욱이 사교육은 공교육보다 더 심하다. 학교는 졸업장을 따야 하기에 암묵적인 강제성이라는 것이 어느 정도 내포되어 있지만, 학원은 선택이다. 그래서 학생들은 수업을 들어 보고 앞으로 수업을 더 들을까 말까를 고민한다. 성적과 학벌에 예민한 학생과 학부모는 한 번 수업을 들어 보고 강의가 자신의 스타일이 아니거나 강사에게 빈틈이 보인다고 느껴지면 수업을 바꾼다.

수업 때 강사를 평가하는 질문을 하기도 한다. 더 심하게는 수업 준비를 했느냐는 질문도 한다. 그래서 더욱 철저히 공부해야 한다. 자신이 공부해서 당당하게 가르치는 게 보람된 일이다. 피하지 말자. 매일 공부해야 하는 건 강사가 해야 하는 필수적인 일과이다.

5. 강한 체력이 필요하다

일의 분업화가 힘든 구조다

당신은 평소에 건강관리를 어떻게 하고 있는지 묻고 싶다. 영어 강사는 정신적으로 육체적으로 힘든 직업이다. 다른 서비스 업종과 비슷한 면이 있다. 그런데 내 경험으로는 타 서비스업의 노동 강도를 뛰어넘는다. 음식점도 서비스업이지만 요리사는 주방에서 요리를 잘해서 내놓으면 종업원은 이를 손님에게 가져다준다. 일의 분업화가 되어 있다.

그런데 강사는 일의 분업이 되어 있지 않다. 자신이 직접 모든 것을 해야 한다. 수업을 잘 가르치기 위해서 수업 준비를 철저히 해야 하고, 그에 필요한 프린트, 시험자료 등을 준비해야 한다. 교실에 들어가서 학생의 출결을 확인해야 하며 개개인의 특성에 따라 가르쳐야 한다. 학생이 요구하는 조건도 들어주어야 한다. 또한, 부모님과의 상담 전화도 해야 한다. 학생이 결석하면 전화해서 물어보아야 하고 퇴원한다고 하면 이를 또 설득하기 위해 상담해야 한다.

강사는 수업만 할 수 없다. 내가 많은 학원의 면접을 보았던 것도 정말로 수업만 하고 싶어서였다. 양질의 콘텐츠를 제공하고 싶어서였다. 너무 힘들다 보니 사람이 지치고 갈수록 건강이 안 좋아졌다. 왜냐하면, 늘 출근할 때 압박감에 시달렸고 머리가 터질 거 같았기 때문이다. 이것저것 해야 하는 수업 외적인 부분이 너무 많다. 수업도 잘해야 하고 관리도 잘해야 한다.

강사라는 직업은 서비스업이지만 분업화가 되어 있지 않다. 아니 분업하기 힘든 구조다.

휴가와 병가는 회사나 가능하다

여름 방학이나 겨울 방학이면 특강을 해야 한다. 특강 때는 아침에 시작해서 9시간 넘게 수업을 할 수도 있다. 여기에 수업 외적인 부분까지 하면 몸이 축날 수밖에 없다.

특히나 퇴근 시간이면 정말 기진맥진해진다. 추운 겨울이면 감기, 몸살이 수시로 찾아온다. 월급은 병원비와 약값으로 나간다. 어떤 강사는 거울을 보면서 "내얼굴이 언제 이렇게 늙었지?"라고 말하는 한숨을 내쉰다. 나도 아침부터 특강과 정규수업까지 하고 거울을 보면 창백해져 있는 얼굴에 놀라기도 한다. 시간이 지날수록 몸이 말라 가는 것을 보았다. 체력 고갈로 일요일에 잠만 잔 적도 있다.

식사도 제대로 못 할 때도 많다. 불규칙한 식사로 인해 위장질환도 자주 발생한다. 너무 힘든 생활에 모든 힘을 쏟게 되면 몸에 진이 빠진다. 식사했는데도 힘이 없는 증상이 온다. 때로는 목소리도 안 나오는 때도 있다. 면역력이 떨어져서 감기로 병원에 가기도 하고 한의원에서 한약을 사서 드시는 강사도 있다.

대형어학원은 특강을 하면 추가적인 수당을 주기도 하지만 작은 학원은 추가수당이 없는 경우도 있다. 또한, 일부 대형어학원을 제외하고 대부분 학원은 휴가가 없다. (최근 들어서 연차, 정기휴가를 주는 학원이 늘어나는 추세다) 그래서 휴식 없이 이렇게 1년을 하게 되면 정말로 쉬고 싶어진다. 이는 비단 영어 강사만의 경우가 아니다. 다른 과목의 강사도 비슷하다.

강사는 정말로 병원에 실려 갈 정도가 아니라면 아파도 참고 수업해야 한다. 병

가라는 단어는 상상하기 힘든 구조다. 나는 노로 바이러스가 걸렸을 때도 수업에 들어간 적이 있다. 강사는 절대로 아파서는 안 되는 직업이라는 걸 알았다. 일반 회사는 병가를 내고 쉬면 된다. 학원은 쉬는 것조차 부담된다. 대신해서 들어갈 강사가 없다. 설령 쉬는 타임(공강)이 있는 강사가 대신 수업에 들어간다고 해도 그 강사에게는 부담스러운 일이며 죄송한 일이다. 동료 강사가 나로 인해서 쉬지 못하고 수업을 계속해야 하기 때문이다.

한번은 A 강사가 A형 간염에 걸려 1주일 동안 입원한 적이 있었다. 개인적으로는 안된 일이지만 대신 들어갈 강사가 없어 교수부장은 시간표를 조정해서 대체 강사들이 수업했다. 쉬지 못하는 강사들의 원성으로 원장은 아픈 강사의 월급에서 수업당 급여를 책정하여 대체 강사에게 주는 웃긴 일도 있었다. 일반 회사라면 이런 예는 없을 것이다. 가르친다는 건 보람된 직업이다. 하지만 건강이 없다면 미래의 인재를 오랫동안 키울 수 없다.

자신의 건강을 점검하자

자신의 건강이 첫째다. 자신이 현재 건강한지, 하루에 9시간 수업해도 괜찮은지 점검해 보자. 아니면 당신만의 건강 노하우가 있는지도 생각해 보자. 강사는 학기 중에 퇴사하기 힘들다. 대체 강사가 없기 때문이기도 하지만 학생들에게 안 좋은 영향을 미칠 수 있기 때문이다. 학생들은 또다시 강사에게 적응해야 하고 강사도 학생들을 알아야 해서 서로 낭비되는 시간이 발생한다. 때로는 학원에 문제가 있다고 생각하는 학부모들도 있다.

건강은 강사에게 있어 정말로 중요한 점검 항목이다. 평일에 수업으로 지쳐 여가 활동을 해야 하는 주말을, 침대에 누워서 보내지 않기를 바란다.

회사는 육체적인 면보다는 정신적인 면이 좀 더 힘들다. 하지만 주말에는 마음 편하게 쉬고 출근한다. 영어 강사는 주말에 쉬면서도 마음이 편하지 않다. 월요일 아침 특강이 있다면 주말에 미리 수업 준비해야 하기 때문이다. 막상 해 보면 부담스럽다. 동료 강사들은 늘 쉬는 게 쉬는 게 아니라는 말을 한다.

다시 말하지만, 몸이 약하면 이곳은 오랫동안 일하기 힘들다. 다른 직업을 생각해 보는 걸 추천한다. 식사도 제대로 못 하고 수업해야 하는 경우도 많다. 나는 너무 힘들어서 공강(수업이 없는 시간) 시간에 식사하고 식당에서 누워서 잠을 자기도 했다. 정말로 힘들었다.

6개월 정도 일하고 그만두는 강사도 보았다. 너무 힘들다고 하며 자신의 길이 아니라는 말도 했다. 여름 방학이든 겨울 방학이든 한 번만 경험해 보면 알 수 있다. 자신이 만약 프리랜서로 수업을 조정할 수 없는 전임제 강사라면 어쩔 수 없이 해야 한다. 특강이 없다면 한 달에 약 100시간, 특강이 있다면 약 140시간 이상의 수업을 할 수 있는지 생각해 보라.

영어 강사가 되고자 하는 그대여, 현실을 알고 직업을 선택하길 바란다. 자신의 건강부터 점검하기를 바란다.

제2장

직업으로서 영어 강사가
알아야 할 것들

1. 회사와 학원은 다르다

보통 학원이 회사와 다른 점 중의 하나가 출근과 퇴근 시간이다. 회사가 보통 아침 9시부터 저녁 6까지의 근무하고 야간근무를 한다면 영어 강사는 2시에 출근해서 10시에 퇴근한다. 시험 전에 학생을 봐주어야 할 경우라든지 학부모와의 상담 약속 같은 경우를 제외하고는 2시까지 출근한다. 2시에 출근해서 수업 준비하는 경우가 대부분이며 일주일에 한두 번 회의하거나 상담 전화한다. 수업은 대체로 초등은 4시 정도부터이고 중등은 5시 정도부터 시작한다.

학원은 학생들이 학교 수업이 끝나고 돌아오는 시간에 맞추어서 수업해야 하므로 오후나 저녁부터 수업한다. 그래서 수업 전에 대부분 식사한다. 기본적인 통념상 점심은 12시에서 1시, 저녁은 6시에서 7시이지만 학원에서는 그런 개념에 맞출 수가 없다. 연이어서 계속 수업이 있는 경우가 많으므로 어정쩡한 3시나 4시에 식사한다. 5분 정도의 쉬는 시간에 식사할 수가 없기 때문이다. 어떤 강사는 10시 이후에 저녁 겸 야식을 드시는 분도 있고 어떤 강사는 아침에 늦게 일어나기 때문에 점심 겸 저녁을 학원에 와서 3시쯤에 드시는 분도 있다. 당신이 규칙적인 식사 시간을 원한다면 다른 직업을 선택해야 할 것이다. 나도 처음에는 적응하기가 쉽지는 않았다. 그래서 위와 장이 안 좋아지기도 했다. 이 점을 참고했으면 좋겠다.

오전에 잠이 많은 분에게는 좋을 수도 있다. 나는 원래 회사와 같은 시간대로 생활했었다. 아침에 일찍 일어나고 밤 12시쯤에 잠을 자는 스타일이었다. 하지만 시간이 지날수록 적응이 되었다.

퇴근 시간은 10시다. 30분을 넘기는 경우는 거의 없다. 회사에 비해 좋은 점이 여기에 있다. 학원은 연장근무가 없다. 밤 10시면 심야 시간이다. 일을 하려고 해도 간단한 상담 전화 정도이고 이 또한 너무 늦게 전화하면 실례가 되기 때문에 할 수가 없다. 다음 날 일찍 출근해서 해야 한다. 회사는 퇴근 시간이 저녁 6시로 정해져 있는 거 같지만 상사의 눈치를 보면서 퇴근을 못 하는 경우가 많다. 하지만 학원은 수업이 끝나면 퇴근으로 이어진다. 학원은 연장근로를 할 수 없는 구조이다. 밤 10시가 되면 일하기도 부담스럽고 건물도 문을 닫아 버린다. 늦으면 교통

편이 택시밖에 없다. 그 시간이면 피곤해서 수업 준비도 할 수 없다. 다음 날에 맑고 건강한 정신에서 준비하는 편이 낫다.

2. 시간을 잘 관리해야 한다

오전에 대부분 회사원은 출근한다. 하지만 강사는 오후에 출근한다. 보통 2시까지 늦어도 4시까지는 출근한다. 계약방식과 가르치는 대상에 따라 다를 수도 있다. 나는 아침에 일찍 일어나는 습관이 있었다. 그래서 오전을 멍하니 TV를 보기도 했고 아플 때는 병원 가서 치료받기도 했다. 그런데 어느 날 문득 오전 시간이 너무도 아깝게 느껴졌다.

밤 12시에 잠을 자고 아침 7시에 일어난다고 가정할 때 다음 날 출근하기까지 7시간에서 9시간 정도의 여유가 있다. 출근 시간과 식사 시간 각 1시간씩을 제외한다고 해도 최소 5시간이다. 이 황금 같은 시간을 그냥 보낼 수는 없다.

강사는 비교적 자유로운 직업이다. 그래서 보다 더 시간 관리를 잘해야 한다. 매일 5시간을 돈으로 환산하면 최저 시급 9,860원(2024년 기준)에 주 5일로 가정할 때, 49,300원×5일=약 24만 6천 원이다. 4주로 계산하면 대략 98만 원이다. 적은 돈이 아니다. 당신이 만약 아무것도 하지 않는다면 한 달 96만 원을 그냥 버리는 셈이 되는 것이다. 이 귀중한 시간을 자신의 발전에 투자한다면 장래는 한층 밝아질 것이다.

운동으로 건강을 지키고 인기도 올려라

나는 먼저 운동을 권하고 싶다. 직업의 특성상 밤 10시가 되어야 퇴근한다. 자칫 출근 시간이 늦다는 이유로 늦잠을 잘 수 있다. 그런데 경험상 매일 그렇게 늦잠을 자게 되면 몸이 축 처지면서 정신적·육체적으로 피폐해진다. 삶의 활력이 없어진다. 처음 운동할 때는 피곤하지만 시간이 흐를수록 생동감 있는 에너지로 기분이 좋아질 것이다. 너무 무리하지 말고 자기 몸 상태에 따라서 운동량을 조절하기를 권한다. 유산소 운동만 해도 괜찮고 근육 운동을 조금 곁들여도 좋다. 그날의 컨디션에 맞게 하면 된다. 매일 갈 필요도 없다. 일주일에 3번을 목표로 해라. 전날 수업이 너무 피곤한 날은 운동을 쉬고 늦잠을 자라.

나도 처음에는 힘들었다. 뱃살을 빼기 위해서 운동하려고 생각만 했었다가 실행으로 옮기지는 못했었다. 하지만 오전 시간을 그냥 보낼 수 없다는 생각과 맞물려 운동을 시작했다. 아침에 일어나는 것이 부담되기도 했었는데, 익숙해지니까 나중에는 운동을 안 하는 것이 더 부담스러워졌다.

헬스장은 집에서 가까울수록 좋고 저렴한 곳은 더 좋다. 시설이 좋고 비싼 헬스장은 필요 없다. 당신은 오전에 모든 운동기구를 다 사용할 수 없다. 당신이 생각하기에 적당한 수준의 헬스클럽을 선택해서 등록해라.

아침에 운동을 많이 할 필요도 없다. 오전부터 과하게 하면 오히려 오후 학원 생활에 지장을 줄 수 있다. 1시간이나 1시간 30분 정도로 생각하라. 그러면 조금 늦잠을 자고 나서 부담스럽지 않게 운동할 수 있다. 밤 12시에 잠을 자고 아침 8시에 일어나면 8시간의 잠을 자는 것이다. 하루 수면 시간이 8시간이면 충분하다. 물론 더 잔다고 해도 2시 출근을 생각하면 여유가 있다. 상쾌한 아침 바람을 맞으며 운동하러 갈 때와 운동이 끝나고 샤워하고 나올 때의 기분은 깃털처럼 가볍고 즐겁다. 하루가 활기차게 느껴진다. 모든 일이 다 잘될 거 같은 느낌이 든다.

오전에 운동하면 좋은 점이 있다. 헬스장에 사람이 거의 없다는 것이다. 넓은 공간에서 자유롭게 다양한 기구를 사용할 수 있다. 다양한 운동도 시도해 볼 수도 있다. 복근 운동을 열심히 해서 뱃살을 뺄 수도 있고 근육을 단련해 균형감 있는 몸을 만들 수도 있다.

요즘은 자신을 가꾸는 시대다. 강사도 인기를 먹고 사는 직업이고 대중을 상대로 하는 직업이다. 시대의 흐름을 가장 잘 받아들이고 유행에 민감한 학생들을 가르치는 직업이다. 남자 강사는 여학생들에게, 여자 강사는 남학생들에게 인기를 끌 수 있다. 자신을 가꾸어야 한다.

당신이 학생 시절로 되돌아간다면 누구에게 수업을 듣고 싶겠는가. 자신을 가꾸는 강사에게 수업을 듣고 싶은 건 누구나 똑같다. 강사는 실력도 중요하지만, 이미지도 중요하다. 강사도 연예인처럼 이미지로 팔고 살 수 있는 직업이다. 경영학의 원리로 설명하면 강사도 상품(브랜드)이 될 수 있다. 잘 포장된 상품일수록 더 잘 팔리는 건 당연한 이치이다.

어떤 강사는 SNS를 통해 학생들과 소통한다. SNS를 통하여 선물을 주고받기도 한다. 학원에서 더 이상 가르치지 않아도 SNS를 활용하여 소식을 전한다. 한 번 제자는 평생 제자가 된다. 또 어떤 강사는 학원이 아닌 밖에서 만나서 피자나 햄버거를 먹기도 한다. 교육이 아닌 사적인 생활에서도 함께 만나서 교류한다. 이건 결국 인기의 차이라고 볼 수 있다.

그 인기의 비결 중의 하나가 바로 이미지이고 이미지를 생성할 수 있는 방법 중의 하나가 자기 관리이다. 그리고 자기 관리 중의 하나가 운동이다. 운동을 통해 맑고 생동감 있는 기운을 수업에서 전달해 주면 그 학생들도 이를 받고 되돌려준다. 서로 교감을 느끼게 되고 이는 호감으로 이어진다. 수업은 더욱더 효과적이고 학생들의 집중력은 상승해서 능률도 배가 된다.

운동으로 멋있는 강사가 되자. 활력이 넘치는 수업을 해라. 학생들에게 긍정적인 에너지를 주는 강사가 되고 건강한 교육자가 되자.

독서로 성인군자의 내면을 갖자

주변에 가까운 도서관을 이용해라. 평소에 관심 있었던 분야나 읽고 싶은 책이 있다면 대출을 해서 집이나 도서관에서 읽어도 좋다. 하루에 2시간은 충분히 읽고 사색할 수 있다. 자신이 어떻게 시간을 할애하느냐에 따라서 더 많은 시간을 책과 함께 보낼 수 있다. 영어책 이외에 다양한 책을 통해 내면의 성장을 이룰 수 있다. 어떤 책이든 좋다. 자기계발서도 좋고 전문 서적도 좋다. 오전 시간에 책을 읽음으로써 당신은 발전하고 성장할 수 있다. 당신과 다른 사람의 생각을 비교하면서 사고의 폭을 넓힐 수 있다. 그래서 창조적인 사고방식을 가질 수 있다. 또한,

좁은 눈으로 바라보던 세상을 넓은 눈으로 볼 수 있다.

책은 당신에게 많은 것을 줄 것이다.

첫째, 만약 당신이 스트레스로 고생한다면 책은 지친 몸에 활력을 불어넣어 줄 것이다. 당신의 휴식처가 될 것이다.

둘째, 당신이 학생들과의 관계, 강사들과의 관계, 조직 생활의 문제, 건강 문제, 진로에 대한 문제 등으로 고민하고 있다면 이에 대한 해답을 제시해 줄 것이다. 나도 이렇게 당신에게 책을 통해서 나의 경험을 전해 주고 있다. 내가 걸어온 길보다 당신이 더 나은 길을 가길 희망하며 이렇게 책을 쓰고 있다. 당신이 궁금해하는 영어 강사에 대해서 나의 모든 경험을 통해서 답을 주려고 하고 있다.

셋째, 당신이 만약 길을 잃었다면 당신의 길잡이가 될 것이다. 쉽게 결정을 할 수 없다면 든든한 조언자가 될 것이다. 그래서 당신의 능력을 더 발휘할 수 있는 아이디어를 줄 것이다.

넷째, 힘들 때와 기쁠 때 함께하는 인생의 동반자가 될 것이다. 슬플 땐 위로해 주고 기쁠 땐 축하해 줄 것이다.

다섯째, 당신이 배우고자 한다면 당신의 부족한 부분을 채워 줄 것이다.

여섯째, 절망은 희망으로, 슬픔은 기쁨으로, 기대는 확신으로 채워 줄 것이다.

일곱째, 당신이 어디에 있고 무엇을 해야 하는지 모른다면 방향을 가르쳐 줄 것이다. 세상과 자연에 대한 이치를 깨닫게 해 줄 것이다. 그래서 책은 더 나은 미래로 도약하기 위한 스프링이 될 것이다.

여덟째, 학생을 상대하는 데 부족한 당신의 인성을 바로잡아 주고 높여 줄 것이다. 그래서 당신은 깊고 넓은 마음을 소유한 교육자가 될 것이다. 아는 만큼 세상이 보이고 고통을 겪은 만큼, 고통의 깊이만큼 사람은 성장한다고 했다. 책을 통해서 당신은 성장할 수 있고 다른 사람도 성장시킬 수 있다.

당신은 교육자다. 책을 통해 변화된 당신은 당신이 가르치는 학생들도 변화시킬 수가 있다. 단순히 영어를 가르치는 강사뿐만 아니라 인생의 조언자가 될 수도 있고 친구도 될 수 있다.

교육도 결국은 사람과 사람이 만나는 일이다. 단순한 지식 전달에는 사람 냄새가 없다. 돈만 벌려는 것처럼, 대충 시간만 채우려는 것처럼 보인다. 이런 강사는 오래 가지 못한다. 돈을 벌려면 교육자가 아닌 사업을 하는 편이 낫다.

내가 본 강사의 종류는 참 다양하다. 단지 지식만 전달해 주는 강사, 시험에 자주 나오는 문제를 찍어 주는 강사, 수업 때 틈만 나면 놀려고 하는 강사, 시간만 보내려고 하는 강사, 수업 시간에만 잠시 보고 밖에서는 남남이 되는 강사, 학생과 마음으로 대화하고 마음으로 가르치는 강사 등이다. 이 중에서 당신은 어떤 강사가 되고 싶은가?

적어도 이 책을 읽는 당신은 마음으로 가르치는 강사가 되기를 바란다. 미래의 학생들에게 기억될 당신을 생각해 보라. 사람 냄새나고 진심으로 학생들을 생각하는 강사가 되어야 하지 않는가. 10년을 가르치고도 연락하는 제자 한 명이 없는 강사도 있다. 반면에 한 달만 가르치다가 그만두었는데도 팬이 생기는 강사가 있다. 서로 전화번호를 주고받고 SNS를 통해 소식을 전하며 함께 수업할 수 없음에 안타까워하는 학생들이 있다. 무엇의 차이라고 생각하는가?

책을 통해 당신을 가치 있는 사람으로 만들어라. 겉이 아닌 성인군자의 내면을 가진 강사가 되어라.

부족한 실력을 향상하라

누구에게나 실력이 부족한 부분이 분명히 있다. 사람은 완벽하지 않기 때문이다. 비어 있는 오전 시간을 활용하여 부족한 실력을 향상해야 한다. 듣기(Listening)가 부족하다면 아침마다 Dictation을 하거나 직청직해를 연습하면 된다. 교재는 어떤 것이든 관계없다. 자신이 사용하는 교재를 사용해도 괜찮고 만약에 교재가 너무 쉽다면 토플(TOEFL) 교재를 선택해도 된다. AP News나 CNN이 담긴 교재를 선택해도 좋다. 무엇이든 자신의 부족한 영어 실력을 향상할 수 있으면 된다.

자신에게 필요한 학원에 다녀 보는 것도 괜찮다. 영어 강사가 영어 학원을 다닌다고 부끄럽게 생각하지 마라. 학문에 왕도는 없다. 더욱이 다른 나라 언어를 배우는 것이다. 평생 배우는 것이다. 말하기(Speaking)가 부족하면 오전에 원어민과의 말하기(Speaking) 수업으로 평소에 가르치면서 배운 것을 적용해 봄으로써 실력을 향상할 수 있다. 그리고 말하기(Speaking)의 원어민 강사가 가르치는 걸 벤치마킹하여 자신의 수업방식에 맞게 실제 수업에 적용해 볼 수도 있다. 교수법이 발전되는 계기가 될 수 있다. 당신이 인증시험에 도전하고 싶다면 TOEFL이나 TEPS 학원에 다닐 수도 있고 도서관에서 별도의 공부를 할 수도 있다. 함께 일했던 동료 강사는 오전 시간과 출·퇴근 시간을 활용해서 TEPS 공부를 꾸준히 했다. 비록 시간이 걸리기는 했지만, 자신이 목표로 하는 점수를 얻었다. 짧은 시간이라고 생각하고 그냥 넘길 수도 있는 시간이지만 이 시간이 모이면 큰 효과를 발휘한다.

모든 것이 귀찮아서 그냥 집에서 TV를 보고 싶다면 미국 드라마를 추천하고 싶다. 〈Game of Thrones〉, 〈The Walking Dead〉, 〈The Big Bang Theory〉 등 인기 있는 드라마를 활용하는 방법도 있다. 처음에는 자막 없이 들어 보고 두 번째는 자막을 보며 들어 본다. 세 번째는 자막 없이 들으며 함께 말을 해 본다. 네 번째는 자막을 동시에 보며 말을 해 본다. 마지막에는 대본을 구해서 영상과 함께 말을 해 보는 것이다. 한 편 두 편 보다 보면 자신의 실력이 향상되었음을 느낄 것이다.

문화생활로 감성을 충전하자

강사는 학교가 끝나는 시간에 맞추어 수업하기에 저녁부터 수업할 수밖에 없다. 당연히 일반 회사에 다니는 사람보다는 늦게 퇴근한다. 밤 10시가 되어서야 퇴근하는데 그렇다 보니 퇴근하고 할 수 있는 일이 거의 없다. 문화생활을 즐기기에 힘든 일상이다.

그렇다고 문화생활을 포기할 수는 없다. 오전 시간에 문화생활을 즐기면 된다. 나는 주로 오전에 영화를 보았다. 오전에 영화를 보면 좋은 점이 있다. 평일이나 주말에 보는 영화보다 값이 저렴하다. 그리고 극장에 사람들이 많지 않기 때문에 좌석에 대한 부담이 없다. 내가 앉고 싶은 자리에서 영화를 볼 수 있다. 아주 조용하게 누군가의 눈치 없이 영화에 집중할 수가 있다. 당신의 스트레스를 확 날려 줄 것이다. 주말에는 사람들이 많아서 자리를 넓게 사용할 수 없고 극장에 가고, 오는 것도 복잡하다. 만약에 극장에 갈 수가 없다면 보고 싶은 영화를 내려받아서 볼 수도 있다. 스마트폰으로 볼 수도 있고 IPTV를 이용해서 볼 수도 있다. 찾아보면 보고 싶었던 영화들이 꽤 있을 것이다. 이것도 여의찮다면 가까운 도서관을 활용해라. 대부분 도서관에 DVD 시설이 있고 보고 싶은 영화를 무료로 볼 수 있다.

자신이 좋아하는 음악을 들을 수도 있다. 뮤직비디오나 자신이 좋아하는 가수의 음악을 듣고 따라 부를 수도 있다. 그러면서 마음의 정화를 느낄 수도 있다. 요즘에는 코인노래방이 있어 저렴하게 부를 수 있다.

자신이 관심이 있는 전시회가 있다면 참석할 수 있다. 이외에도 즐길 수 있는 문화생활은 많다. 오전 시간을 정말로 알차게 보내야 한다. 그러면 오후 시간도 즐겁고 활력이 넘칠 것이다.

3. 상담은 필수다

진로 상담, 연애 상담, 학업 상담 등 상담의 종류는 많다. 일반적으로 어학원에서 상담한다고 하면 흔히들 거창하게 입시 상담 정도로 생각한다. 하지만 어학원에서 상담이란 학부모와 대화하는 모든 행위를 상담이라고 규정한다. 그 수단은 전화가 대부분이다. 간혹 학원에 부모님이 찾아오셔서 면 대 면으로 이루어지기도 한다.

상담은 하루의 일과이다

내가 근무해 본 학원 중에서 상담하지 않는 곳은 없었다. 다시 말해 학부모에게 전화하지 않는 학원은 없었다. 단지 필요할 때 하느냐 아니면 수시로 하느냐의 횟수의 차이였다. 대부분의 상담 시스템은 학기가 시작되고 나서 1, 2주 내에 학부모에게 전화해서 인사를 한다. 주된 목적은 '담임을 맡았다.'라고 하면서 잘 가르쳐 보겠다는 인사다. 그리고 특이사항 정도를 파악하는 수준이다. 몰라도 수업하는 데 전혀 지장이 없는 그런 사항들이다. 그리고 수시로 공지 사항 전달, 재등록 상담 전화와 레벨 테스트 성적 전달 등이다. 이외에도 여러 가지 이유로 전화한다.

시스템이 잘 갖추어진 어학원은 학기제로 운영되는데 대체로 3개월을 한 학기로 정한다. 3개월간을 지켜보면 정말로 엄청나게 많은 상담 전화한다. 학원에 따라서 다르지만, 많이 하는 곳은 결석해도 전화하고 조퇴해도 전화하고 퇴원해도 전화한다. 하루 수업이 끝날 때마다 한두 명의 학생을 정해 놓고 필수로 전화하기도 한다. 또는 2, 3명의 부모님께 상담 대신 장문의 긴 문자를 보내기도 한다. 이외에도 많은 전화 상담이 수시로 이루어진다. 심하게 말하면 3개월 내내 가르침에서 시작해서 가르침으로 끝나는 게 아니고 전화 상담으로 시작해서 전화 상담으로 끝이 난다. 이는 학원의 직책을 가지고 있는 관리자와 원장의 특성에 따라 달라진다.

한때는 내가 상담하러 출근하는 것인지 학생들의 미래를 밝혀 주기 위해서 출근하는 것인지 혼동될 때가 있었다. 내가 영어를 가르치는 강사인지 상담사인지가 애매한 경우도 있었다. 가르치기 위해 에너지와 시간을 써야 하는데 왜 상담하는 데 이렇게 고생해야 하는지 궁금한 적도 있었다.

상담은 형식적이다

학원에서 하는 모든 상담은 형식적인 차원이라는 것이 문제다. 사실은 학부모도 형식적이라는 것을 안다. 왜냐하면 특별한 주제 없이 강사가 전화하기 때문이다. 속으로는 "돈을 주고 학원을 보내니까 전화하는구나."라고 생각한다. 사실 학부모가 바라는 상담은 자녀가 학원에서 어떻게 생활하고 있고 수업 태도가 좋고 나쁜지와 어떤 점이 부족해서, 어떤 방향으로 공부해야 한다는 정도이다. 결국은 배우러 간 것이기 때문이다.

학생들이 집에 들어가서 학원에 대해서 말을 잘 안 하는 경우가 있다. 그래서 부모는 진실하게 그런 부분을 알고 싶어 한다. 그런데 학기 초에 한 번이나 두 번 가르쳐 보고 그 학생에 대해서 알 수 있을까. 강사가 학생들의 얼굴도 제대로 모를 때다. 그렇지만 인사를 하고 형식적인 말을 한다. 너무도 뻔한 상담이다.

그런데 학원에서 왜 이렇게 전화 상담을 시키는 걸까? 학원에서 상담 전화를 많이 시키는 이유는 단 하나, 학생들의 관리 차원이다. 그런데 나는 묻고 싶다. 정말로 관리를 위해서일까 아니면 강사가 여유 있어 보이는 게 싫어서일까. 둘 다이다. 월급을 주기 때문에 없던 일도 만들어서 시키는 경우를 많이 보았기 때문이다.

함께 일하며 만났던 강사들 대부분은 상담 전화를 많이 할 필요가 없다고 생각한다. 심지어 걱정하는 강사도 있다. 더 이상 할 말도 없다고 한다. 사실 칭찬도 하루 이틀이고 지적사항도 한 번이면 족하다. 매번 반복해서 들으면 좋은 감정도 싫어지기 마련이다. 오히려 잘 다니고 있는 학생이 그만두었던 경우도 있다. 안 좋은 점, 부족한 점을 계속해서 언급하니 집에서 그냥 부모가 시키는 편이 낫다고 생각했다.

재등록 같은 경우도 강사가 전화를 꼭 해야 할 필요는 없다. 마치 강사가 가르치지 않고 돈을 벌려고 전화하는 걸로 생각된다. 나중에는 부모님들이 "재등록 때문에 전화하는구나." 하고 받지 않는 때도 있다. 학원이 너무 상업적이라는 소문도 들린다.

바람직한 상담 시기를 알자

내가 C 어학원에서 일할 때는 학기 중간이나 학기 끝날 때쯤에 상담 전화했다. 이때는 정말로 상담 같은 상담이 되었다. 2달 정도 가르쳐 보았기 때문에, 부모님이 원하시는 질문에 답변해 줄 수 있었고 공부 방향부터 진로 상담까지 할 수 있었다. 부모님과 말 그대로 진짜 상담했다. 일방적이며 형식적인 대화가 아니라 쌍방향 소통했다. 전화 상담하는 나도 보람되었고 학부모도 만족하는 전화 통화가 되었다.

그래서 내가 생각하는 바람직한 전화 상담의 시기는 학기 중간 정도라고 생각한다. 학생도 강사에 대해서 파악하고 있고 강사도 학생에 대해서 파악하고 있는 시기이다. 진심으로 학생의 실력, 태도, 성격 등을 있는 그대로 얘기해 주고 조언해 줄 수가 있다. 올바른 공부 방향을 제시해 줄 수 있는 때다. 그리고 더 나아가 한 학기 동안 배운 내용에 대한 테스트를 통해 깊은 상담을 해 줄 수 있다. 그 이외의 상담 전화는 정말로 불필요하다고 생각한다.

수업 이외의 상담은 상담 부서가 해야 한다

전화 상담은 상담 부서에서 해야 한다. 상담 부서가 신규생을 테스트하고 입학과 등록 절차만을 하는 곳이 아니다. 상담 부서가 해야 할 일이 작고 소소한 상담이다. 수업적인 내용이 아닌 학생과 관련된 모든 전화 상담을 해야 한다.

내가 다녔던 학원 중에 강사가 학기 중에 한 번만 전화 상담을 하는 곳도 있었다. 실제로 강사가 상담을 많이 하지 않았다. 필요하다면 강사가 학생들을 평가하는 내용을 제출하면 된다. 그러면 그것을 토대로 상담 부서 직원들이 상담 전화한다. 강사는 학기 중간에 한 번만 전화 화하면 된다. 그런데도 상담을 정말로 많이 하는 어학원보다 원생 수가 줄지 않고 잘 운영되었다.

상담만 많이 해서 학원 운영이 잘될 거 같으면 전문 상담사를 고용하면 된다. 하지만 상담에 비례해서 학원의 수익도 비례하지 않는다. 과도한 상담은 오히려 역효과를 불러오는 법이다. 정확한 시점에 맞는 상담을 해야 한다. 강사가 해야 할 상담이 있고 상담 부서가 해야 할 상담이 따로 있는 것이다.

상담은 여전히 큰 부분이다

강사는 창조적인 수업을 위해 여유가 필요하다. 질적으로 수업 준비할 시간이 필요하다. 그런데 현실은 수업 외적인 업무로 수업에 부담을 느끼는 게 태반이다. 수업의 질은 떨어지고 학생은 만족하지 못하고, 강사는 힘들고 능률은 오르지 않는 악순환이 반복되는 것이다.

하지만 어학원에서 영어 강사의 삶에는 상담이라는 부분이 크게 차지하고 있다. 학원의 규모와 시스템에 따라서 다를 수 있다. 고용 형태에 따라서도 달라질 수 있다. 하지만 어느 학원이든 상담은 필수적이다. 가장 합리적인 곳을 찾는 것도 필요하다. 가르치는 것보다 상담이 더 많은 에너지를 소모할 수도 있다는 점도 알아야 한다. 학부모에 따라서, 상담 시간이 길어질 수도 있고 엄청난 스트레스를 받을 수도 있다. 1명이 아닌 담임 반 전체, 자신이 가르치는 모든 학생을 상담해야 한다. 불필요하고 비효율적인 상담이 많지만, 강사에게 있어 상담은 여전히 필수이다.

4. 가르치는 일이 전부는 아니다

어학원이든 입시학원이든 잡무가 있다. 잡무라는 말을 학원업계에서 일하면서 처음 알았다. 사실 나는 학원업계에서 생활하면서 나의 직업이 학생들을 가르치는 것인지 잡무를 하는 것인지에 대해서 심각하게 고민한 적이 있었다. 어떤 날은 출근해서 수업에 들어가기 전까지 잡무를 한다. 머리가 터질 것 같은 경험도 수도 없이 겪었고 이것으로 인해 위장질환을 겪기도 했다.

학원마다 다양한 잡무가 있다. 그런데 그렇게 많은 잡무를 하지 않고도 얼마든지 학원 운영이 가능한 부분도 있다. 너무 과하다고 생각되는 면도 많다. 그것의 이면에는 관리적인 측면에서, 학원의 발전을 위해서라는 측면도 있지만, 고정적으로 월급을 주기 때문에 강사들을 그냥 쉽게 할 수 없어 시키는 것도 상당하다. 사실 강사는 쉬는 게 아니다. 수업 준비하고 학생 한 명 한 명에 대한 학습 태도와 방향 등을 생각하기에도 벅차다. 수업 준비도 준비 나름이다. 어떤 강사는 문제를 만들고 어떤 강사는 도식화해서 학생들이 더 잘 이해할 수 있도록 핵심 정리를 요약하는가 하면 어떤 강사는 배경지식을 찾아서 정리하기도 한다. 이 또한 강사 본인이 만들기 때문에 많은 시간과 노력이 소모된다. 또는 퇴원할 거 같거나 진도를 잘 따라오지 못하는 학생에 대해서 어떻게 관리할 것인가도 생각한다. 강사가 가르치는 학생이 5명 정도라면 가능하겠지만 담임 반을 맡게 되는 경우는 많게는 70명부터 적게는 30명 정도에 이른다. 그런데 수업은 담임 반만 들어가는 게 아니다. 담임 반은 물론이고 담임이 아닌 반도 가르쳐야 한다. 그 아이들까지도 자신이 맡은 영역에 대해서 관리를 해야 할 책임이 있다. 그 담임 반 강사와의 협조도 필요하다.

이 정도만 해도 강사는 정신이 없다. 읽기(Reading) 한 영역만 가르치는 경우가 아니라 듣기(Listening)와 문법(Grammar)도 함께 가르쳐야 하는 경우도 많다. 토플(TOEFL)이나 텝스(TEPS)라면 준비할 자료와 수업 준비에 쏟아야 할 시간이 더 많다. 여기에 잡무가 섞이면 어떻겠는가? 이렇게 잡무가 많아지면 당연히 강사는 수업 준비에 소홀할 수밖에 없다. 시간은 한정되어 있고 강사의 체력도 한정적이다. 그렇게 되면 창조적인 수업이라기보다는 대충 때우고 나온다는 식의 수업으로 변질된다. 수업의 질적 하락을 가져온다. 어떤 학원이고 어떤 고용 형태이고 어떤 원장이냐에 따라서 잡무는 달라질 수 있다. 하지만 입시학원이든 어학원이든 영어 강사의 삶에는 잡무가 있다. 이를 배제할 수 있는 학원은 한국에 거의 없을 것이다.

5. 여기도 총성 없는 전쟁터다

어학원도 사람이 일하는 곳이다. 아무리 자유로운 곳이라도 프리랜서 스타일이 아니고 직원으로서 회사 형태의 학원에 종사한다면 일과의 대부분을 서로 맞대고 일해야 한다. 하루 8시간에서 10시간을 보아야 한다. 이는 가족보다도 더 많은 시간을 보는 것이다. 그렇다 보니 일반 회사와 마찬가지로 온갖 시기와 질투 등의 정치적인 싸움이 생긴다. 총성 없는 전쟁터라는 말을 들어 보았을 것이다. 학원은 일반 회사보다 더하면 더했지, 덜하지는 않다. 학원은 다양한 출신, 다양한 전공, 다양한 지역, 다양한 나이의 사람들이 모이는 곳이다. 그리고 자유로운 관념의 사람들이 많다. 그렇다 보니 서로 시기와 질투가 많다. 직책을 가진 사람은 직책을 이용해서 의도적으로 강사를 괴롭히는 사람도 있고 의도적으로 어려운 과목을 특정 선생님에게 주는 일도 있다. 담임 반을 과하게 많이 주는 경우도 있다. 상급자에게 무언가 일하고 있다고 잘 보이기 위해서, 억지로 일을 만들어서 강사를 힘들게 하는 때도 있다. 수많은 경우가 존재한다. 이것에 불만을 품고 견딜 수가 없어 그만두는 강사들도 많다.

K 교수부장은 여자이고 나이가 40세 정도였다. 5년 정도 근무했고 상급자가 그만두자 팀장에서 교수부장이 되었다. 보수적이고 예민한 성격이고 대인관계가 좋지 않은 편이었다. 뒤끝이 있는 사람이라고 강사들이 흔히 얘기하기도 했다. K 교수부장과의 불화로 그만둔 강사도 있었다. 강한 이미지이고 일을 밀어붙이는 스타일이다. 그녀는 교수부장이 된 이후로 교수발표회를 제안했다. 말이 거창해서 교수발표회지 강사들이 어떻게 수업하는지 동료들 앞에서 수업해 보는 것이다. 취지는 서로 배우자는 건데 사실 별로 도움이 되지 않는다.

교수법에 정답이 없는데 똑같은 스타일로 수업하라고 하면 다양성이 무시되기 때문에 강사들도 원하지 않는다. 하지만 회사이기에 어쩔 수 없이 하는 것이다. 그전에 있던 교수부장은 10분 정도 강사 자신의 스타일을 보여 주는 방식으로 하루 정도면 끝났는데 K 교수부장은 강사마다 40분 동안 수업하라고 했다. 그래서 일주일이 걸렸다. 정말로 의미 없는 시간이었다. 출근해서 해야 할 일도 많은데도 불구하고 평소보다 1시간씩 일찍 출근해야만 했고 수업 준비할 시간도 없이 바로 수업에 들어가야만 했다. 정도가 너무 지나쳤다. 교수부장의 직권남용이었다. 자신의 직위를 과시하거나 자신의 실적을 하나라도 더 쌓으려고 한다고 밖에 보이지 않았다. 자신의 직위를 이용해서 강사의 시간을 빼앗은 경우다. 서로에게 전혀 도움이 되지 않고 부담만 가중된 시간이었다.

나는 텝스(TEPS)를 수업했다. 수업이 재미있었고 프로다운 수업이라고 원장과의 면담에서 강의력을 인정받았다. 하지만 이건 잠시였다. 오히려 기회주의자라는 말을 이후의 면담에서 들어야만 했다. 이를 시기하는 각 팀장과 교수부장이 나를 형편없는 사람으로 몰아갔기 때문이다. 학기마다 팀장이 직접 강사들의 수업을 듣고 평가하는 참관수업을 진행한다. 이 또한 취지만 거창할 뿐 효율성 없는 일 중의 하나이다. 명목상 참관수업이지 너 얼마나 잘하나 보자, 평소에 맘에 들지 않는 강사를 감정적으로 평가하고 자신들의 직위를 확인하고 과시해 보는 시간이기도 하다. 내 수업을 들은 팀장은 평가서에 장점은 딱 하나로 색깔별로 마커를 사용해서 이해를 도왔다는 것이었고 단점을 무려 15개나 적었다. 누가 보아도 편파적이었다. 일반적으로 장점 5개, 단점 5개 정도를 적는다. 10분에서 20분으로 모든 것을 알 수 없기 때문이다. 그리고 팀장이나 교수부장은 참관 후에 당사자에게 그 평가서를 보여 주면서 개선점에 대해서 서로 의견을 교환하고 그 보고서를 강사에게 나누어 준다. 이것이 원칙인데 나에게는 보여 주지 않았다. 원장과의 면담에서 원장은 나에게 교수발표회 때만 열정적이고 평소 수업은 형편없다고 얘기하며 나에게 그 평가서를 보여 주었다. 정말로 그 평가서를 보고서 기가 막혔다. 나는 정말로 기회주의자가 되었다.

이런 사건이 단순히 한 사람만의 생각으로 이루어졌을 리는 없다. 보고 체계라는 게 있다. 이는 각 팀장과 교수부장의 합작품이다. 정말로 일하고 싶은 마음이 없어졌다. 시기와 질투를 이렇게 표현한 것이다. 한 사람이 자신들보다 뛰어나다는 소리를 견딜 수가 없는 것이다. 친한 동료 강사들에게 보여 주었더니 모두가 어이없다는 표정이었다. 교수발표회니, 참관수업이니 모두가 긍정적인 효과는 있을 것이다. 테솔(TESOL)을 해 봤기에 많은 도움이 된다는 걸 안다. 하지만 실제 현장에서는 악용되고 있다. 그들은 정치를 하는 것이다. 본인들이 더 잘 보여서 연봉도 올라가고 직급도 오르고 싶어 직위를 남용하는 것이다.

모든 어학원이 이런 건 아니다. 이 어학원이 유독 이랬다. 사실 교수발표회니, 참관수업이니 이런 걸 하는 학원은 거의 없다. 처음 입사할 때 시강에서 강사의 스타일을 보고 채용하기 때문에 시간을 낭비하지 않는다. 처음에 입사하면서 교육하는 경우가 대부분이다.

나는 완벽하지 않다. 나는 사랑을 가지고 학생의 관점에서 어떻게 받아들일까를 생각하며 열정적으로 가르쳤다. 하지만 그들은 그것을 왜곡해서 받아들이고 이용했다. 잘한 점은 칭찬해 주고 그렇지 못한 점은 격려해 주고 보완할 수 있도록 하는 것이 직급자의 역할이다. 그래야 학원이 성장하고 발전하면서 자신도 발전할 수 있는 것이다. 하지만 그들은 그렇지 못했다.

다른 회사처럼 학원도 정치가 있다. 드라마 〈미생〉에서 이를 여과 없이 보여 주었다. 그래서 많은 사랑을 받는 드라마가 되었다. 학원도 이와 다를 바 없다. 책임감을 느끼고 열심히 일하는 사람도 있지만 그렇지 않은 직급자도 많다. 학원도 그 사람의 능력과 인성을 보고 사람을 평가해서 직급자를 정해야 한다. 단지 오래 있었기 때문에 직책을 준다면 오히려 조직의 해가 된다.

6. 도전하는 만큼 연봉도 올릴 수 있다

이직률이 높은 이유는 무엇일까?

강사만큼 이직률이 높은 직업도 드물 것이다. 기본적으로 강사들은 마인드가 오픈되어 있다. 비교적 자유로워서 강사를 하는 이유도 여기에 있다. 기본은 1년 단위로 이직하는 경우가 많다. 한곳에 오래 있는 강사도 있지만 대부분은 옮긴다. 이런 이유로 오래 근무한 강사가 초고속으로 승진하는 예도 있다. 선임 강사나 팀장이 되기도 하고 빠르게는 대형어학원의 프랜차이즈 같은 경우 원장이 되기도 한다.

강사가 이직하는 이유는 크게 세 가지다. 하나는 자신이 현재 하는 일의 양에 대비한 급여 수준이다. 보통 한 학기에 4권 정도의 교재를 맡아서 가르치는데 만약 8권, 9권이라면 수업 준비하기에 너무도 벅차다. 어떤 영역의 어떤 교재(토플, 텝스, 미국 교과서, 수능 수준의 4대 영역 등)를 사용하느냐에 따라서 다르지만, 수업 준비 시간이 상당히 많이 걸린다. 이에 더하여 잡무나 상담 등을 별도로 해야 한다면 너무 힘들다. 월급에 비해 너무 힘들다고 느낀다. 작은 학원일수록 이런 경우가 심하다.

둘째는 근무환경이다. 이는 급여 외에 모든 제반 사항이다. 학원의 시스템적인 면에 해당한다. 그중 가장 크게 작용하는 것이 수작업이나 상담이 과도하게 많은 경우다. 그래서 같은 수준의 대형어학원이거나 조금 작지만 덜 힘들고 마음이 편안한 어학원으로 이직한다. 수업 외적인 스트레스로 고생하는 것보다는 급여가 조금 적어도 몸과 마음이 편안한 곳을 선호하는 경우다.

셋째는 사람과의 문제다. 흔히들 팀장 놀이라고 하는데 상급자가 차별 대우하거나 특정한 사람에게 과도한 업무를 주는 경우다. 그로 인해 쌓여 가는 감정의 문제들이다.

천천히 때를 기다려라

하나의 직장에만 고집할 필요는 없다. 경력을 쌓고 열심히 노력했음에도 자신의 상황에서 적합하지 않다고 생각이 된다면 이직을 고려해 볼 수도 있다. 나는 수시로 채용공고를 검색했다. 그런데 검색할수록 괜찮은 어학원이 많았다. 자신이 능력만 있으면 얼마든지 이직할 수 있다. 주식회사의 형태를 가지고 여러 지역에 분원을 두고 있는 곳도 있고 연봉도 괜찮으면서 가족처럼 화목하게 지내는 곳도 있다. 서울의 목동, 중계동, 대치동 같은 학원가가 아닌 곳에도 많다.

어떤 강사는 이직할 수 있는 학원이 없다고 말한다. 전에 있던 어학원을 그리워하다가 재입사를 하기도 한다. 하지만 세상은 넓다. 시기적으로 자신과 맞는 학원에서 결원이 발생하지 않은 것뿐이다. 이직에 대해서 겁먹지 말라. 뜻이 있고 실력이 있다면 더 조건이 좋은 곳으로 자신이 더 성장할 수 있는 곳으로 갈 수 있다.

조급해하지 마라. 잠시 쉬는 것도 나쁘지는 않다. 미래를 구상하는 시간을 가져라. 시간을 가지고 더 넓게 보려고 하는 사람이 성공도 할 수 있고 성장할 수 있다.

하지만 급하다고 해서 단지 돈을 벌어야 한다는 이유로 아무 곳이나 가지는 마라. 몇 달 아니 한 달도 지나지 않아 바로 퇴사하는 경우가 있다.

동네 작은 학원에 가면 강사도 몇 명밖에 없고 열악한 교실 환경에 강사가 모든 것을 수작업으로 해야 하는 곳도 있다. 너무 작다 보니 학생 한 명 한 명에 목메는 학원도 있다. 그래서 강사보다 학생이 우선이고 강사에게 퇴원에 대한 책임을 물려고 하는 곳도 있다. 내신 대비를 주 7일 동안 추가수당도 없이 해야 하는 경우도 생긴다. 잡무가 너무 많아서 새벽에 퇴근할 수도 있다. 결국은 일도 별로 하지 못하고 그만둔다. 정말로 조급하다면 학원에서 일하면서 다른 어학원을 알아보아라. 현실적으로 면접 시간이 겹치는 면도 있지만 시간을 내려고 마음먹으면 조율할 수 있다.

그대여 도전하라. 이직률이 높다고 어학원 강사를 포기할 것인가. 하지만 그만큼 자유롭다는 것도 알아야 한다. 모든 학원이 열려 있다. 학원도 강사들의 이직률이 높다는 것을 다 알고 있다. 일반 회사와는 다른 개념을 가지고 있다. 당신이 능력과 실력이 있다면 얼마든지 높은 연봉으로 일을 할 수 있다. 꼭 연봉제가 아니어도 괜찮다. 시급제로 일해도 괜찮다. 어학원마다 개념의 차이가 있다. 높은 시급으로 편하게 일을 할 수도 있다. 도전하는 만큼 당신의 능력을 발휘할 수 있는 곳에서, 만족스러운 급여로 일할 수 있다.

7. 지식만 전달하는 시대는 지났다

마음과 혼이 담겨야 한다

영어 강사를 직업분류표에서 본다면 어디에 속한다고 생각하는가? 흔히 가르치는 직업을 전문직이라고 생각하기 쉽다. 과연 그럴까. 학원 강사에 자격증이 있는가? 면허가 있는가? 공무원 시험처럼 열심히 공부해서 통과하는 시험이 있는가? 아무것도 없다. 단지 영어에 대한 지식이 남들보다 조금 더 깊으면 된다. 가르치는 노하우를 기르면 된다. 그렇다고 어학원 강사를 아무나 할 수 있는 직업이라는 말은 아니다. 지식은 지식이다. 우리가 흔히 어릴 때부터 배우고 공부한 언어이다. 일상생활에서 흔히 사용하는 말을 가르치는 것이다.

그렇기에 누구에게나 열려 있다. 원어민이나 교포를 보아도 알 수 있다. 쉽게 어학원에서 가르친다. 검증된 특별한 지식이 없다. 영어를 말해 왔기 때문에 가르칠 수 있는 것이다. 내가 만난 원어민 강사 중에서 영어를 전공한 사람은 거의 보지 못했다. 그리고 한국인이라고 해도 영어 전공이 아니어도 충분히 어학원 강사를 할 수 있다. 또한, 학원을 운영할 수도 있다. 누구에게 열려 있는 직업이다. 대신 내가 먼저 수업 준비를 철저히 해서 공부를 하고 내가 가르치는 학생이 이해를 할 수 있도록 최선을 다해서 노력하는 것이다.

어학원 강사는 한 사람만을 가르치는 것이 아니다. 그래서 시간마다 당신의 수업을 듣는 수많은 학생에게 당신의 혼을 쏟아야 한다. 한 길 물속은 알아도 한 사람의 마음은 알 수 없는 법이다. 학생들이 어떻게 느끼는지 알 수 없다. 가르치는 대상은 완벽한 가치판단을 할 수 있는 성인이 아닌 청소년들이다. 진지하게 수업만 해도 지루해하고 웃기려고만 해도 수업에 대한 만족도가 떨어질 것이다. 수업 이후에도 학부모나 학생들의 반응을 고려해야 하고 한 명 한 명 관리해야 한다. 학생을 사랑하는 마음과 혼이 없다면 불가능하다.

고된 서비스업이다

수업하다 보면 학생들과의 교감이나 성향이 잘 맞는 반이 있다. 내가 준비해 간 수업을 학생들이 집중해서 듣고 웃으면서 수업했을 때 굉장한 희열을 느낀다. 뿌듯함도 있고 보람되기도 한다. 더욱이 이런 아이들이 학교에서도 좋은 성적을 받고 영어 실력이 많이 향상되었다고 얘기하면 강사로서 이보다 더 좋은 일은 없다.

우리가 식당을 생각해 보자. 음식값이 비싼 식당과 저렴한 식당의 차이점을 생각해 보자. 우리가 확실하게 느낄 수 있는 점은 무엇인가. 바로 고객을 대하는 직원들의 태도일 것이다. 비싼 돈을 낸 만큼의 서비스를 받는 것이다. 학원 강사도 이와 별반 다르지 않다고 생각한다. 아니 이보다 더 힘들 수 있는 서비스업이라고 생각한다. 원래 서비스업은 기쁨과 슬픔이 교차하는 직업이다. 서비스업이 아닌 직업이 얼마나 될까.

학원은 많은 학생에게 정해진 강의료를 받고 그 대가로 지식을 전수해 주는 것이다. 그런데 한 명이 아닌 수많은 다양한 생각을 가지고 있는 학생들이다. 이들을 만족시켜야 하고 만족하지 않을 때 당연히 그에 대한 대가가 돌아온다. 학부모가 불평하거나 학원을 끊는다.

식당의 서비스와 음식 맛이 별로라면 당신은 다시 가고 싶지 않을 것이다. 마찬가지로 학원도 보내려 하지 않을 것이다. 내가 강사로서 깨달은 것은 강사라는 직업은 고된 서비스업이라는 것이다. 단순히 지식만 전달해서는 안 되는 시대이다.

제3장

어학원으로 취업하자

1. 어학원 & 입시학원 & 보습학원을 알아보자

세상에는 많은 종류의 학원이 존재한다. 과목별로 영어, 수학, 국어, 예체능 등이 있고 대상으로 보면 유아, 초등, 중등, 고등, 성인으로 나눌 수가 있다. 이 책에서 내가 얘기하고자 하는 학원은 과목으로 보면 영어이고 대상으로 보면 초등, 중등, 고등이다.

이에 해당하는 학원은 셀 수 없을 정도로 많다. 학교나 아파트 주변을 보라. 한 건물에 하나씩 아니 많게는 4~7개의 영어 학원이 있다. 학원의 밀집 지역을 보자. 목동, 중계동, 분당, 대치동에 가 보면 정말로 코앞이 다 학원이고 80% 이상이 영어 학원이거나 영어를 함께 가르치는 학원이다. 이는 또 한 곳의 본원 또는 본사를 가지고 있고 지역으로 뻗어 있는 프랜차이즈학원이거나 개인이 운영하는 학원 등으로 이루어져 있다.

(영어전문)어학원

학부모, 학생 그리고 강사들이 일반적으로 말하는 어학원은 영어 전문어학원을 말한다. 초창기 어학원은 원어민 또는 교포 강사가 한국어가 아닌 영어로 영어를 가르치는 곳이었다. 하지만 한국의 교육제도와 입시에 맞물려 한국인 강사도 필요하게 됨으로써 요즘은 한국인 강사와 원어민(또는 교포) 강사가 함께 근무하는 것이 일반적이다. 어학원의 특성상 원어민과 한국인의 비율에 차이가 나기도 한다.

어학원은 한 지역에 본사를 두고 전국에 직영점 또는 프랜차이즈로 운영하는 기업형태의 대형어학원과 개인이 특정한 지역에 한 곳 또는 여러 곳에 운영하는 중·소형어학원으로 나눠진다.

원어민 강사는 보통 정규교과의 말하기(Speaking), 쓰기(Writing), 토론(Debate) 등을 담당한다. 상황에 따라서는 TOEFL(Listening, Reading, Speaking, Writing)의 전 영역을 담당하기도 한다. 이에 반해 한국인 강사는 정규교과의 읽기(Reading), 듣기(Listening), 문법(Grammar)을 담당한다. TOEFL의 경우 보통 듣기(Listening)와 읽기(Reading) 영역을 가르친다. 이외에도 한국인 강사는 TEPS(Listening, Reading, Grammar, Vocabulary) 전 영역과 고등부의 경우 대학수학능력시험을 맡는다. 또한, 가장 중요한 학교 내신을 맡는다. 정규교과로 미국 교과서를 쓰는 어학원도 있고 자체 제작 또는 외부 업체 교재를 사용하는 어학원도 있다.

어학원을 다니는 학생들은 미국과 캐나다 같은 영어권 국가에서 일정 기간 체류 경험이 있거나 초등학교를 외국에서 나온 학생들이 오는 경우가 많다. 그래서 평균적인 영어 실력이 높다. 또는 장기적인 안목(유학, 대입)에서 영어를 영어로 배우고자 하는 경우가 있다.

TOEFL은 어학원에서 기본적인 교과이고 그 외에 목표에 따라서 TEPS나 수능(일반적으로 고등학교 3학년)을 다룬다.

입시학원

우리나라에서 가장 많은 학원은 입시학원이다. 입시학원은 한국인 강사들이 한국말로 다양한 과목(국어, 영어, 수학, 과학 등)을 가르치는 곳이다. 한국의 입시제도에 가장 민감하게 반응하는 학원이다. 다양한 과목을 듣고자 하는 학생들과 다양한 과목의 강사들이 뒤섞여 있는 학원이다. 원어민은 찾아보기 힘든 학원이다.

입시학원은 어학원처럼 한 지역에 본사를 두고 전국에 직영점 또는 프랜차이즈로 운영하는 기업형태의 대형입시학원과 개인이 특정한 지역에 한 곳 또는 여러 곳에 운영하는 중·소형입시학원으로 나눠진다.

입시학원에서 영어 강사는 정규교과의 읽기(Reading), 듣기(Listening), 문법(Grammar)을 담당한다. 그 외 TOEFL(Listening, Reading, Writing)의 3대 영역과 TEPS(Listening, Reading, Grammar, Vocabulary)의 전 영역을 가르친다. 고등부의 경우 대학수학능력시험도 가르친다. 또한, 가장 중요한 학교 내신을 맡는다. 정규교과는 자체 제작 또는 외부 업체 교재를 사용한다.

입시학원의 목표는 학교 내신 성적향상과 TOEFL, TEPS 등 인증시험 고득점이다. 모든 수업은 시험 대비로 이루어진다. 그래서 시험 위주의 과목으로 수업이 개설된다. 정규수업을 하다가도 시험 보기 한 달 전부터 시험 대비한다. 정규수업도 내신 대비로 이루어지고 주말도 없이 주 7일을 시험 대비하는 입시학원도 있다. 어학원이 짧게는 몇 번 길게는 2주 동안 하는 것에 비해 입시학원의 시험 대비는 엄청나게 길다. 입시학원은 시험 때가 되면 전쟁터다. 출판사별로 학생들을 나누고 교과서를 외우고 문제를 풀고 반복하는 수업을 한다.

입시학원에 다니는 학생들은 단시간에 성적을 올리고 싶어 한다. 또한, 학부모로서는 자녀를 좀 더 강하게 관리받고 싶어 한다. 어학원의 학생들보다는 수동적인 경우가 많다. 학원에서 모든 것을 해 주기를 바란다.

Tip 🖋 입시학원의 학생들은 의존적인 성향이 강하다

입시학원의 학생들과 어학원 학생들을 비교하는 건 민감한 부분이다. 하지만 대체로 입시학원의 학생들은 강사(학원)에 의존적인 경향이 두드러진다. 그래서 입시학원만 다니다가 어학원을 접한 학생들이 다시 입시학원으로 가는 경향이 있다.

내가 강남에서 단과수업을 잠시 했을 때의 일이다. 수업 중에 학교 시험 범위와 내신 대비 방향에 관해서 대화하는 시간을 가졌다. 다양한 학교가 섞여 있었는데 유독 한 명의 여학생 학교만 듣기평가 문제집에서 1문제를 출제한다고 했다. 그런데 어떤 방식으로 나오는지도 그 학생은 모르고 있었다. 17회분(각 17문제)의 듣기평가에서 1문제가 나오기 때문에 나는 아무런 의도 없이 1문제니까, 정확한 방식이 나올 때까지 혼자서 해 보고 다음에 대화를 나누자고 했다. 일단은 교과서와 보충 교재에 먼저 집중하자고 했다. 5개 학교의 학생들과 대화는 나누어야 했고 시간이 없었다. 정신도 없었다. 그래서 무심코 그렇게 지나쳤다.

그런데 그 여학생은 바로 다음 시간부터 볼 수 없었다. 나중에 국어 강사에게 전해 들은 바로는 내가 내신 대비를 안 해 주겠다고 한 것으로 생각했다는 것이다. 참 황당했다. 고등부는 내신 준비해야 할 과목과 분량이 많다. 그 학생은 객관식으로 나오는 1문제를 위해서 그 많은 듣기(Listening)문제를 봐 달라는 것이었다. 그걸 다 설명해 주려면 내가 다른 학교 내신 대비를 하지 않고 3일 동안 5시간씩 해 주어야 할 분량이다. 그 학생의 수준으로는 이보다 더 걸릴 수도 있다. 더욱이 문제 유형도 모르는데 무조건 해 줄 수는 없다. 그 시간에 확률이 높은 외부 교과서나 학교 프린트를 해 주는 편이 낫다.

어학원의 학생들 같았으면 이렇게 하지 않았을 것이다. 어릴 때부터 입시학원에만 다녀 본 학생들은 무조건 학원에 의지하는 경향이 있다. 강사는 1명의 학생이 원하는 1문제를 위해서 그 많은 분량의 책을 공부해야 한다. 강사는 혼자이고 공부해야 할 책은 많다. 학교마다 이런 상황이다. 정말로 비효율적이었다. 강사와 학생 서로에게 양질의 수업이 될 수 없다는 것을 알았다.

입시 스타일은 나에게 맞지 않다는 걸 느꼈다. 어학원의 시스템과 학생들의 성향이 나와 조화를 이룰 수 있다는 것을 알았다. 어학원은 혼자서 그 많은 학생의 내신 대비를 하지 않는다. 정말로 주 7일을 수업 준비해도 모자랄 만큼의 분량은 없다. 그리고 어학원의 아이들은 간단한 건 스스로 찾아서 하는 의지가 있다. 입시학원의 학생들은 모든 것을 해 주기를 바라는 스타일이 강하다.

보습학원

보습학원은 입시학원과 비슷하다. 하지만 입시학원에 비해 규모가 대체로 작다. 일반적으로 보습학원은 2가지로 나눠진다. 첫 번째는 학교에서 배운 과목(국어, 영어, 수학 등)을 다시 보충 수업하는 것이다. 그래서 학교에서 배우는 모든 과목을 가르치기도 한다. 둘째는 입시학원처럼 한국인 강사들이 한국말로 다양한 과목(국어, 영어, 수학, 과학 등)을 가르친다.

입시학원처럼 입시제도에 민감하고 다양한 과목을 가르치는 강사들과 함께 근무한다.

영어 강사는 TOEFL(Listening, Reading, Writing)의 3대 영역과 TEPS(Listening, Reading, Grammar, Vocabulary) 전 영역을 가르친다. 고등부의 경우 대학수학능력시험도 가르친다. 또한, 가장 중요한 학교 내신을 맡는다. 정규교과는 자체 제작 또는 외부 업체 교재를 사용한다. 그 외 입시학원과 비슷하다. 규모가 작아서 학생 관리가 잘 된다는 장점이 있다.

2. 대형어학원에서 출발하자

왜 입시학원이 아닌 대형어학원인가?

당신이 처음 학원에서 강사를 시작하고자 한다면 입시학원이나 보습학원이 아닌 영어 전문어학원에서 시작하라. 작은 어학원이 아닌 대형어학원에서 출발하라. (입시학원과 보습학원은 비슷한 면이 많기에 입시학원과 영어 전문어학원을 비교하고자 한다) 그 이유는 다음과 같다.

첫째, 어학원은 전문 강사로 성장할 수 있는 체계적인 시스템을 가지고 있다. 대형어학원의 경우 인재를 양성하기 위한 일정한 교육 프로그램이 있다. 이를 통해서 전문적인 강사가 되기 위한 기본기부터 차근차근 배울 수가 있다. 입시학원은 체계적인 교육 시스템이 거의 없다. 다양한 과목을 가르치는 모든 강사를 교육하려면 큰 비용과 많은 시간을 감수해야 하기 때문이다.

둘째, 영어교육에 대한 전문성을 가질 수 있다. 어학원에서는 근본적으로 언어로서의 영어를 가르치는 곳이다. 학생들에게 다양한 방식으로 영어를 가르쳐 볼 수 있는 기회가 제공됨과 더불어 TOEFL, TEPS 등 특정 분야의 전문성을 높일 수 있다. 입시학원은 학교 내신 대비에 중점을 두기 때문에 전문성을 키울 시간이 없다.

셋째, 강사들끼리 공유하고 발전할 수 있다. 어학원은 영어를 가르치는 강사만 있다. 그래서 서로 가르치는 방법, 지식적인 면, 서로의 애로사항 등의 의견 공유를 할 수 있다. 의견 공유를 통해서 서로 발전할 수 있다. 입시학원은 서로 다른 과목의 강사들이 모여 있기에 의견을 공유하는 데는 한정적이다.

넷째, 다양한 국가의 문화를 배울 수 있다. 원어민과 함께 일하고 대화하고 식사하며 서로의 문화를 배울 수 있다. 국내에서 외국계 회사를 제외하고 외국인과 함께 일할 수 있는 곳은 많지 않다. 문화교류를 통해 견문의 폭을 넓힐 수 있다. 입시학원은 원어민이 없다. 그래서 문화를 배울 수 없다.

다섯째, 당신의 브랜드를 만들 수 있다. 유명 어학원의 경우 TV 광고에 등장하기도 한다. 익히 많은 학부모와 학생들과 친숙해져 있고 품격 있는 어학원으로 알려져 있다. 당신이 그런 유명 어학원에서 근무한다면 미래 설계를 위한 브랜드가 준비된 것이다. 이직 시에도 모든 학원의 담당자에게 경쟁력 있고 검증이 된 강사로 인식이 된다. 입시학원은 고등부를 가르치는 유명한 학원 몇 곳을 제외하고는 학부모들이 기억하지 못한다. 인사담당자에게 어느 지역이고 어떤 학원인지를 설명해야 한다.

여섯째, 적정선의 수업 스케줄이 있다. 대형어학원은 한 주에 정해진 수업 횟수가 있다. 특강 때도 수업이 더 주어져 힘들 때도 있지만, 수업 횟수가 정해져 있어 그 이상은 수업하지 않는다. 또한, 어학원은 정해진 횟수 이상의 수업이 주어질 때 여분의 급여가 지급된다. 내신 수업 때도 주말에 근무해야 한다면 추가 급여가 책정된다. 하지만 입시학원은 특별하게 정해진 선이 없다. 시험 때는 부족하다 싶으면 주말도 없이 무급으로 보강해야 한다. (최근 들어서 추가 급여를 주거나 휴가로 대체하는 곳도 생기고 있다) 시험 직전에도 보강해야 한다. 방학이면 더 많은 수업이 주어진다. 어학원에 비해서 일의 강도가 훨씬 높다.

일곱 번째, 영어 실력이 향상된다. 강사에게 있어 중요한 것은 실력이다. 어학원에서는 미국 교과서를 가르쳐야 하는 때도 있다. TOEFL이나 TEPS도 가르쳐야 한다. 이런 과목을 가르치기 위해서 강사는 공부해야 한다. 그러므로 자연히 실력도 향상된다. TEPS를 가르치면서 실제 시험에서 고득점을 받은 강사도 보았다. 입시학원은 내신 기간이 길어서 공부해서 가르칠만하면 시험 대비로 인해 맥이 끊어지기가 쉽다. 꾸준히 공부하는 기간이 짧다.

이외에도 장점은 많다. 물론 입시학원이 장점이 없는 건 아니다. 시험 대비할 때는 입시학원은 어학원보다 관리가 더 잘 된다고 하는 학부모도 있다. 밀착관리형으로 하다 보니 단기적으로 시험점수가 빨리 향상이 되었다고 한다. 어학원은 문법이 취약하다는 학부모도 있다.

하지만 낭신이 영어 강사로 성장해서 성공하고자 한다면 입시학원보다는 더 진문성을 갖춘 어학원을 추천한다는 것이다.

중소형어학원을 선택할 수 없는 5가지 이유

나는 중소형어학원보다 대형어학원을 추천한다. 그 이유는 첫째, 대형어학원은 앞서 말한 7가지 장점을 극대화할 수 있다는 점이다.

둘째는 수작업이다. 대형어학원은 강사의 수업 준비에 도움이 될 수 있는 자료와 학생들에게 필요한 자료가 잘 정리되어 있다. 강사는 이를 활용하여 수업의 극대화를 이룰 수 있다. 중소형어학원은 강사가 하나부터 열까지 모든 것을 다해야 한다.

셋째, 교재의 권수이다. 강사가 한 학기에 사용하는 교재의 권수가 대형어학원은 4, 5권 정도지만 중소형어학원은 예측 불가능하다. 많게는 10권을 사용하기도 한다. 이는 강사에게 큰 부담으로 작용한다.

넷째, 중소형어학원은 학생의 퇴원에 굉장히 민감하다. 학생이 곧 학원의 수입과 연결되기 때문에 대형어학원에 비해서 강사에게 관리적인 측면을 훨씬 더 강조한다. 강사는 수업보다 학생에게 더 집중해야만 한다.

마지막으로, 가장 민감한 급여이다. 중소형어학원은 원생 수가 적기 때문에 급여가 제때 나오지 않을 위험성이 크다. 경기 침체로 인해 소형어학원은 하루가 멀다고 폐업하고 있다. 강사에게 급여가 나오지 않는 건 정말로 힘든 일이다. 대형어학원은 자본금이 튼튼하므로 강사에게 월급이 밀릴 가능성이 거의 없다. 그래서 강사는 안정적으로 자신의 성장에 집중할 수 있다. 수업과 학생들에게만 전념할 수 있다.

내가 처음 강사를 시작할 때 급여가 밀린 적이 있었다. 강사들은 수업에 집중하지 못하고 불안해했고 퇴사하는 강사도 있었다. 점점 강사들은 가르칠 의욕을 잃었던 기억이 난다.

성장하려면 시작은 대형어학원이다

당신이 어떤 학원을 선택하든 그건 당신의 자유이다. 하지만 당신이 정말로 영어 강사로 성장하고 싶다면 시작부터 체계적으로 밟고 올라가야 한다. 그러기 위해서는 대형어학원이 적합하다는 것이다. 대형어학원에서 시작한다면 중소형어학원의 구조가 한눈에 다 들어올 것이다. 어학원이 어떻게 운영되는지도 보일 것이다. 모든 일에 있어 시스템 정비가 잘 되어 있는 곳에서 시작할 때 배울 점도 많고 당신도 성장할 수 있다. 큰 어학원에서 실력을 키우고 레벨이 높은 다양한 학생들을 가르칠 때 당신이 더욱더 빨리 성장할 수 있다. 성장을 통해 미래도 한층 밝아질 것이다. 차세대 영어교육자로서, 영어를 언어로 가르쳐 주는 영어 전문 강사가 되기를 바란다.

3. 백발백중 합격 이력서는 다른 점이 있다

자유서식 이력서가 99%다

나는 지금까지 약 100개의 학원에 이력서를 제출해서 연락이 없던 학원은 거의 없었다. 이력서를 제출하면 빠르면 20분 내로 전화가 왔고 늦어도 다음 날 연락이 왔다. 나와 별로 맞지 않을 거 같은 곳임에도 어쩔 수 없는 상황에서 지원한 곳도 많았다. 결국, 여러 가지 이유로 가지 않았지만 그만큼 이력서의 합격률이 높았다.

학원은 일반적인 회사처럼 온라인 입사 지원보다는 이메일을 통하여 지원하는 경우가 많다. 정해진 양식이 있지만 자유로운 양식을 보낼 수 있는 곳이 더 많다. 10년 넘게 틈틈이 구직사이트를 보고 있지만, 대부분이 자유로운 이력서를 요구한다. (당신은 나처럼 10년 넘게 취업 사이트를 보지 말고 부디 강사로서 한 길만 생각하며 성공하기를 바란다) 형식이 없다는 건 장점이 될 수 있고 단점이 될 수도 있다. 형식이 정해진 이력서를 제출하는 곳은 회사 형태의 대형어학원으로 행

정업무를 하는 본사를 두고 지역으로 직영점이나 지역 캠퍼스를 두는 경우다. 이곳은 인사팀이 있어서 정해진 양식으로 제출해야 한다. 또한, 이곳도 학원에 따라서 본사가 아닌 지역 캠퍼스 자체에서 강사를 채용하는 경우에는 자유 이력서를 보낼 수도 있다. 아니면 취업 사이트에서 정해 놓은 이력서와 자유 이력서 둘 중 하나를 선택하는 경우도 있다. 결국은 자유 이력서를 쓸 수 있는 곳이 대부분이라는 것이다. 그리고 학원은 알아 두어야 하는 점이 이력서를 받는 사람이 대부분 팀장이나 교수부장이 받고 원장과 협의한다. 그리고 수시 면접 식이다. 적합하다고 생각이 되면 전화해서 면접 날짜를 잡는다.

평범한 이력서는 손해다

그렇다면 어떻게 작성해야 할까? 우선은 남들과 다른 이력서를 준비해 보자. 자유로운 이력서 형식에 평범한 이력서를 제출한다면 손해. 이것을 기회로 생각해야 한다. 자신을 드러내고 자랑하고 어필할 수 있는 기회다. 일반적인 한글이나 워드 이력서 말고 파워포인트 이력서를 활용해 보자. 물론 한글이나 워드도 얼마든지 매력적인 이력서를 만들 수 있다. 하지만 나는 파워포인트 이력서를 선택했다. 왜냐하면 파워포인트의 능력도 보여 줄 수가 있기 때문이다. 그리고 시각적으로 같은 내용이라도 꾸미기에 따라서 담당자가 보는 느낌이 다르다. 이력서에 공을 들였다는 느낌이 들기도 하면서 한 번쯤은 보고 싶다는 생각도 든다. 한눈에 자신의 장점을 돋보이게 할 수 있다.

첫 페이지는 착시효과를 노리자

그렇다면 어떻게 꾸며야 할까? 첫 페이지는 개인정보와 경력, 수상 내용, 어학 성적, 교육 사항, 특이사항 등을 최대한 간단하게 적는다. 바로바로 담당자가 한눈에 파악할 수 있도록 적는다. 파워포인트는 많은 것을 적을 수가 없다. 왼쪽의 한 열은 항목이고 오른쪽은 그에 관한 내용을 적는다. 첫 페이지에서 깔끔하고 세련된 느낌을 주어야 한다. 이걸 보고 착시효과라고 하지 않던가. 왠지 강사도 이력서처럼 그럴 것이라는 느낌이 든다. 이력서는 자기 얼굴이다. 이력서는 자신의 분신이며 나를 표현하는 수단이다. 이력서를 읽는 상대방은 그 느낌을 받는다. 수상 내용이나 교육 사항, 특이사항도 어학원에 도움이 되는 내용으로 간단하게 적는다. 어학 스터디를 했다면 구체적으로 어떤 스터디인지 적는다. TEPS도 될 수있고 TOEFL도 될 수 있다. 그리고 몇 번을 했는지도 적는다. 스터디를 운영했다면 좋은 경험으로 작용할 수 있다.

두 번째 페이지부터가 진짜다

다음 페이지부터가 중요하다. 첫 페이지에서 호감을 얻었는데 내용이 부실하면 바로 실망이 된다. 마치 포장지가 예뻐서 기대했는데, 내용물을 보고 실망한 선물 같은 경우가 되지 말아야 한다. 두 번째 페이지는 지원동기와 포부를 적어 보자. 지원동기와 포부가 어찌 보면 회사나 학원 모두가 가장 중요하게 생각하는 부분이다.

영어교육에 대해서 언제부터 어떻게 관심을 가지게 되었고 현재 영어교육의 문제점과 장점에 대해서 자기의 생각을 적어 보자. 자신이 공부를 어떻게 했으며 효과적인 방법은 무엇이라고 생각하며 자신이라면 어떻게 가르쳐 보겠다는 식으로 서술한다. 경력자라면 어떠한 성과를 냈는지도 첨가해야 한다.

세 번째 페이지는 가치를 적어라

여기부터는 자신이 실질적으로 입사해서 어떤 능력을 발휘할 수 있는지를 조목조목 적어야 한다. 확실한 구분 점이 되도록 꾸며야 한다. 구체적인 당신의 가치를 적어야 한다. 그래야 경쟁력이 있어 보인다. 다른 어학원에 가서도 붙을 사람이구나 하는 느낌을 주어야 한다. 과장하지 말고 자신의 마음속에 내재되어 있는 생각을 적는다. 어학원이니까 당연히 학생들과 잘 어울려야 한다. 그러면 자신의 성격이 친화적이라는 항목으로 구체적인 예를 들어 적는다.

구체적으로 떠오르지 않는다면 시간을 두고 생각해야 한다. 학원은 면접도 정해신 들이 없는 경우가 너 많아서 이력서로 면접을 내신하는 때도 많다. 당신의 이력서만 보고 담당자가 면접에서 물어보고자 하는 질문에 대한 답을 미루어 판단할 수 있다면 더욱 좋다. 그래서 채용 때 담당자가 시강만 보고 별도의 면접을 생략하는 경우도 있다.

먼저 자신에 대해서 곰곰이 생각해야 한다. 이력서는 나 자신의 분신이다. 나를 알리는 것이다. 부족하다면 더 생각하고 이력서를 매력적으로 작성해 보라. 반드시 좋은 결과가 있을 것이다.

4. 시범 강의는 주관적이다

영어 강사가 되고자 한다면 반드시 해야 하는 과정이 있다. 일반 회사는 면접으로 모든 것이 해결되는 경우가 일반적이지만 어학원은 면접 외에도 시범 강의 즉 시강이라는 것을 담당자나 팀장, 부장, 부원장, 원장 등 학원의 직급자들 앞에서 해야 한다. 어찌 보면 면접보다도 중요한 부분이 시강이다.

회사에서도 면접을 본다. 나는 면접이 객관적이라고 생각하지 않는다. 만약 최종면접에 3명의 구직자가 올라왔다고 가정하자. 최종면접이라면 3명이 가지고 있는 조건은 모두 비슷할 것이다. 1명을 선택해야 한다면 당신은 누구를 선택할 것인가. 주관과 선입견이 개입할 것이다. 어떤 기준이 되었든 면접관이 누구냐에 따라서 그 한 명은 달라질 수 있다고 생각한다. 면접의 객관적인 지표는 있지만, 사실은 주관적이라고 생각한다. 이와 마찬가지로 나는 시강에 대한 평가는 주관적이라고 생각한다.

관점의 차이다

현재완료로 시강을 한 적이 있었다. 시강을 했던 두 학원에서 같은 방식으로 같은 예문을 들어 시강을 했는데 반응이 너무도 달랐다. A 학원의 담당자는 만족하는 반면에 B 학원의 담당자는 미흡해했다. 참 신기했다. 그 외 여러 곳의 학원에서도 이런 경험을 했다. 대부분 긍정적인 반응이었지만 몇 곳의 담당자는 딱히 집어서 문제점을 얘기하지는 않지만, 부정적인 감정을 드러냈다. 보는 사람의 관점의 차이라는 결론을 얻었다.

어학원에서 자기 계발의 목적으로 메가스터디의 스타강사 동영상을 구매하여 함께 시청했던 적이 있다. 모든 강사가 강의실에 모여서 1시간 동안 수업을 시청했는데 강사들마다 의견이 엇갈렸다. 지금 우리와 특별히 다른 게 없다, 목소리가 좋다, 수업방식이 별로 다, 그저 그렇다 등 다양한 의견을 제시했다. 같은 강의를 보았는데도 이런 차이가 나는 건 무엇일까. 바로 관점의 차이다. 주관적이다. 시강도 마찬가지다. 그 강의를 바라보는 사람에 따라서 평가는 달라질 것이다.

경력자는 변수도 작용한다

경력자의 경우 대부분은 시범 강의는 비슷하다. 대형어학원에서 경력이 많은 직급자를 비롯해 일반 강사들까지의 시범 강의를 들어 보았는데 눈에 띄는 차이가 없었다. 오히려 일반 강사의 수업이 좋았던 적이 있었다. 그래서 더 주관이 개입된다는 것을 알 수 있다.

경력자라면 채용에 영향력을 휘두르고 있는 팀장이나 교수부장, 부원장 등의 판단이 중요한 요소가 될 수 있다. 그들은 단지 시범 강의의 좋고 나쁨을 떠나서 자신들과 조화롭게 일을 할 수 있느냐를 본다. 원장과 1대 1로 시강을 하면 합격하는데 바로 밑에 팀장이나 선임 강사와 시강을 하면 불합격하는 경우가 있다. 나도 이런 경우가 꽤 있었다. 원장은 경영자로서 강사와 업무적으로 맞대며 일하지 않는다. 하지만 팀장이나 직급자는 함께 일해야 한다. 그래서 그들은 강사의 시강보다도 실제 모습과 이력서를 비교해 보고 자신이 생각하는 말투, 목소리, 성격, 나이, 학력 등의 외적 요소를 더 보고 판단한다. 자신만의 관점으로 감성적인 선택을 한다.

이건 일반 회사도 마찬가지다. 내가 교육회사에 이력서를 내고 면접을 보러 갔을 때의 일이다. 회사의 대표는 면접을 보고 바로 일을 하자고 할 정도로 나를 만족해했다. 연봉도 내가 원하는 쪽으로 해 주겠다고 약속도 했다. 담당 팀장이 부재하여 대리를 시켜 내 이력서를 보여 주며 추가적인 질문을 하도록 했다. 내 이력서를 보고 마지못해 질문하는 걸 느꼈다. 여기까지도 별문제가 없었다. 그 후에 이틀 뒤에 팀장은 전화해서 평상시에 하지 않았던 과다한 업무를 테스트 차원이라면서 요구했다. 그 팀장은 이력서를 보고 주관적인 차원에서 함께 일하고 싶지 않았던 것이다. 나는 대표에게 정중히 전화해서 물어보았고 대표는 팀장의 불찰에 대해 죄송하다고 했다.

또한 지역의 특이성 관점에서 보기도 한다. 시강 스타일이 우리 지역의 학원에 어울릴까, 기존 강사들의 방식과 큰 차이가 없을까를 생각하기도 한다. 대형어학원 같은 경우는 어떤 강사가 가르쳐도 크게 학생들이 동요하지 않지만, 동네학원은 학부모나 학생들이 작은 것 하나에도 민감하게 반응하기 때문이다.

시강은 주관적이다. 다양한 요소가 영향을 끼친다. 자신이 최선을 다했음에도 합격하지 못했다고 자책하지 마라. 자신의 확고한 목표가 있고 실력이 있다면 여러 가지 어려움이 있어도 당신의 시범 강의를 보고 만족하는 원장과 직급자가 반드시 있다.

5. 면접관을 사로잡는 시범 강의의 비법

시범 강의의 핵심은 '침착하라'

일반적으로 어학원에서 요구하는 시범 강의는 문법(Grammar), 읽기(Reading), 듣기(Listening)이다. 이 중에서 문법(Grammar)만을 요구하는 곳도 있고 문법(Grammar)과 읽기(Reading)를 동시에 요구하는 경우도 있다. 문법(Grammar)은 한국인에게 있어 필수 과목이다. 드물게 듣기(Listening)를 요구하는 경우도 있다. (시범 강의를 하기 전에 학원 자체에서 필기 테스트를 하는 경우도 있다. 자체 프린트로 시험을 보거나 컴퓨터로 시험을 보기도 한다. 이 시험에 통과하지 못하면 시강과 면접의 기회가 주어지지 않는다)

시강은 학원에서 시강 자료를 보내 주는 때도 있고 직접 가지고 있는 자료로 준비해서 하는 경우도 있다. 또는 즉석에서 수능이나 토플 지문을 5분 정도 보게 하고 시강을 하는 경우도 있다. 강사의 실력과 순발력을 보려고 하는 것이다.

학원의 시강 방법은 다양하다. 그래서 늘 준비되어 있어야 한다. 학원에서 많은 시강을 해 본 경험으로, 내가 깨달은 것은 절대로 조급해하거나 당황해서는 안 된다는 것이다. 첫째도 침착해야 하고 둘째도 침착해야 한다. 평온함을 유지하며 시강에 임해야 한다.

자신감을 가져라. 위에서도 얘기했지만, 합격, 불합격의 여부는 시강에만 있지 않다. 그러니 마음 편하게 해라. 면접관을 사로잡는 시강을 먼저 해야 한다. 결과는 그다음이다.

문법(Grammar)은 정의부터

문법(Grammar)은 한국인 강사에게 있어 필수 영역이다. 어떤 학원이든 문법은 필수적으로 가르쳐야 할 영역이다. 채용 포지션에 따라 달라질 수 있지만 문법 시강을 하지 않았다고 할지라도 학생들의 내신 대비나 문법 영역 수업을 들어가려면 반드시 알아야 한다. 그리고 읽기(Reading)에서도 구문 해석 시 문법을 알아야 효율적으로 설명할 수 있다.

문법은 먼저 당신이 어떤 용법을 보여 줄지를 정해야 한다. 준동사라면 To부정사, 동명사, 분사 중 어느 부분을 보여 줄 것인지 구체적으로 선택해야 한다. 가정법이라면 가정법 과거인지 과거완료인지를 선택해야 한다. 시간이 길지 않기 때문에 다 보여 줄 수 없다. 많아야 20분이다. 대부분 10분 정도 선에서 시강이 끝난다. 짧은 시간에 자신이 어떤 부분을 어떻게 가르쳐야 강한 인상을 줄 수 있을지를 생각해야 한다. 그러므로 너무 범위가 넓은 문법을 선택하기보다는 적당한 범위의 문법을 추천한다.

그다음은 시강하려고 하는 문법에 대한 정의를 생각해 보자. 정의를 반드시 설명해 주어야 한다. To부정사라고 하면 준동사를 설명하고 그중에서 오늘은 To부정사를 설명하겠다고 한다. 그다음 To+동사원형의 형태로 문장에서 동사의 의미가 있으면서 명사, 형용사, 부사의 역할을 한다는 방식으로 정의를 풀어 주어야 한다. 명사의 역할을 명사적인 용법, 형용사의 역할을 형용사적 용법이라고 정의를 설명해 준다. 그다음 구체적으로 명사적 용법에서 주어, 목적어, 보어의 역할로 세부적으로 풀어서 설명해 준다. 간단하고 명료해야 한다.

판서는 필수이다. 그냥 말로 하라는 것이 아니다. 설명을 일일이 다 적으라는 것이 아니다. 핵심을 적어야 한다. To부정사 = (동사의 의미 + 명사, 형용사, 부사의 역할) 식으로 알기 쉽게 적는다. 어떤 방식이든 관계없다. 기호를 써도 괜찮고 세로로 써서 표현해도 괜찮다.

여기에 색깔 펜을 사용해서 중요사항을 표시해 주면 더욱 좋다. 그리고 예문을 반드시 적어야 한다. 어려운 예문이 아닌 쉽고 친숙한 문장으로 써 주는 것을 추천한다. 문법을 어려워하는 학생들이 많아서 쉽고 자세하게 설명해 주는 것을 원하는 학원이 많다. 그리고 반드시 시험에 나오는 부분을 언급해 주어야 한다. 내신 대비에 중요한 사항을 언급해 주어야 전문성이 있어 보이고 시험 대비도 무리 없이 잘할 수 있다는 것을 보여 줄 수 있다.

또한, 빠뜨리지 말아야 할 것 중의 하나는 질문을 하는 것이다. 학생들을 바라보며 서로 소통해야 한다. 소통 없는 교육은 없다. 때로는 준비한 부분 이외의 문법 영역을 요구하는 경우도 있다. 나는 하루에 3개 영역의 문법을 시강 한 적도 있다. 즉석에서 모든 용법을 가르칠 수 있어야 한다. 그래서 평소에 대비해야 한다.

문법은 실제로 근무하면서도 반드시 필요하다. 문법을 몰라서 수업 중에 나와서 자료를 살펴보고 동료 강사에게 물어보고 다시 수업에 들어가는 강사도 본 적이 있다. 학생들에게 전문성 면에서 의심받는다. 더욱 커지면 학부모에게까지 전달되어 좋지 않은 인상을 줄 수도 있다. 교무실에서도 동료 강사에게 문법을 질문하는 강사도 있다. 만약 당신이 문법이 약하다면 가르치기 위한 개념과 이론이라도 지금 정확하게 다시 공부하길 바란다. 한국인 강사로서 강점으로 내세울 수 있는 부분이 문법이 될 수도 있다. 만약에 교포나 원어민이 토플의 전 영역을 가르친다면 한국인 강사는 가르칠 수 있는 부분이 문법밖에 없을 수도 있다. 강사가 되려면 문법부터 확실히 잡아야 한다.

읽기(Reading)는 구조의 파악부터

읽기(Reading)는 다양한 지문이 있을 수 있다. 학원마다 채용 포지션에 따라 지문이 달라진다. 토플(TOEFL) 강사라면 토플(TOEFL) 지문을 준비해야 한다. 수능을 원한다면 작년 기출문제로, 미국 교과서라면 그에 합당한 지문 수준으로 시강한다. 대부분 학원에서 시강 자료를 직접 준비하라는 경우가 많다. 읽기는 강사가 미리 읽어 보고 설명해 주어야 하므로 준비시간이 필요하기 때문이다. 간혹 그렇지 않은 때도 있다. 수능 기출문제를 즉석에서 주고 시강을 요구하는 학원도 있었고 토플(TOEFL) 교재를 주고 요구하는 학원도 있었다. 여기서도 마찬가지다. 절대로 조급해하거나 당황하면 안 된다. 침착하게 안정을 찾아야 한다.

읽기(Reading)에서 보고자 하는 건 강사가 글 전체를 구조적, 논리적으로 짜임새 있게 이해시킬 수 있느냐 하는 것이다. 글 전체를 볼 수 있는 방법을 가르칠 수 있느냐를 본다. 글 전체에서 말하고자 하는 주제나 제목은 무엇인지, 그 주제를 뒷받침해 주는 근거는 무엇인지를 잘 파악해 주어야 한다. 이걸 흔히 도식화(schematization)라고 하는데 학생들이 마인드맵(Mind Map)을 할 수 있도록 논리적으로 작성해 주어야 한다.

주제문(Topic, Main Idea), 세부 사항(Supporting Detail), 결론(Conclusion) 등으로 나누어서 도식화(schematization)를 해 주어야 한다. 이 부분이 읽기(Reading)의 핵심적인 부분이다. 그 논리적인 구조를 잘 설명해야 한다.

당연히 판서해야 한다. 판서는 필수이다. 핵심적인 사항만을 적어야 한다. 그리고 중요 구문이나 어휘를 잘 설명해야 한다. 그래서 답의 근거가 어디에 있는지도 설명해야 한다. 낭연히 질문도 해야 한다. 주제가 무엇이고 왜 답이 되는지 등에 관해서 질문해야 한다. 물론 시강을 평가하는 강사는 대답을 안 할 수도 있고 일부러 학생인 척 모른다고 말을 할 수도 있다. 상관없다. 어차피 형식적이다. 그냥 넘어가면서 자신의 수업 분위기를 조성하면 된다.

또한, 한국인 강사라면 간과하지 말아야 할 점이 있다. 읽기(Reading)에서 문장을 읽을 때 절대로 성의 없이 대충 읽지 마라. 급하다고 대충 읽는 경우가 있는데 그러면 감점이 될 수 있다. 어학원은 입시학원과는 좀 달라서 외국 유학이나 어릴 때부터 외국인들과의 접촉이 많은 학생으로 구성되어 있다. 발음을 보고 강사를 평가하는 때도 있어서 시강이라도 최대한 발음을 정확하게 유창하게 하려고 노력해야 한다. 영어 강사가 영어 발음이 좋아야 하는 건 당연한 것이다. 만약에 당신이 발음에 약하다면 꾸준히 연습해라.

나도 어릴 때는 노력을 많이 했으나 어느 순간부터 게을러져서 발음을 대충 한 적이 있다. 수업에서는 학생들과 친해져서 괜찮을 수 있지만 시강에서만큼은 정확하게 유창하게 하도록 노력하자. 요즘은 영어 발음이 좋은 학생들이 무수히 많다. 공부 환경이 과거와는 달라져서 기본적으로 어학원을 다녔다 하면 발음이 원어민 수준이다. 노력하면 얼마든지 달라질 수 있다. 당신은 내가 살아왔던 시대와 다른 교육환경에서 성장했기 때문에 발음을 더 유창하게 만들어야 한다.

듣기(Listening)는 집중력과 순발력으로

듣기(Listening)를 시강하는 경우는 거의 없다. 아니 토플(TOEFL)을 가르치게 되면 요구하는 경우가 있다. 시강 자료나 음원 파일도 모두 다 학원에서 보내 준다. 토플(TOEFL) 듣기(Listening)는 대화(Conversation)와 강의(Lecture)로 구성되어 있는데 모두 내용이 길다. 짧은 시간으로는 모든 것을 다 볼 수가 없다. 특히나 Lecture(강의)는 쉽지 않은 내용이 나오면 어휘도 어렵지만 빠르고 길어서 문맥을 놓치기 쉽기 때문이다. 시강을 지켜보는 강사도 이해하기 어려울 수 있다. 그렇지만 이것도 방법은 있다. 어렵게 생각하지 마라.

듣기(Listening)은 읽기(Reading)에서 언급한 것과 비슷하다. 주어진 시간에 따라 다르지만 짧은 시간을 준다면 한 번 들려주는 걸 생략하고 바로 설명으로 들어가야 한다. 들으면서 중간중간 멈추면서 주제문(Topic, Main Idea), 세부 사항(Supporting Detail), 결론(Conclusion) 등을 적어야 한다. 그러면서 글의 흐름에 따라서 중간중간 설명해 주어야 한다. 해석해 주듯 상대방에게 이야기하듯 설명해야 한다. 어떤 원인(Cause)에 어떤 결과(Effect)가 있는지를 설명하고 어떤 사건이 일어났는지 등을 설명해 주어야 한다. 동시에 판서가 이루어져야 한다. 이것도 핵심은 도식화(schematization)이다.

듣기는 읽기(Reading)를 그냥 음성으로 녹음해서 들려주는 것으로 생각하면 편하다. 하지만 읽기(Reading)와는 달리 듣기(Listening)는 순간 지나가 버린다. 집중력과 순발력이 필요하다. 준비를 철저히 해야 한다. 듣고도 순간 생각이 나지 않는 경우도 있다. 머뭇거리다가 좋지 않은 인상을 줄 수 있다. 희귀한 동물을 나타내는 단어나 의학적 용어 등은 듣고도 생각이 나지 않을 수도 있고 스펠링이 길고 낯설어 실수하는 경우도 있다. 이럴 때 순간 당황하게 된다. 시강을 망칠 위기도 있을 수도 있다.

그렇지만 다시 한번 강조한다. 침착해야 한다. 실수했을 때는 자신만의 방법으로 위기를 웃음으로 전환하는 방법을 개발하거나 아니면 솔직하게 틀렸다는 인정하고 이어서 할 수도 있다. 누구나 실수를 할 수 있다는 것을 그들도 알고 있다. 그들도 그 자리에서 실수한 경험이 분명히 있다.

과거와는 영어 교육환경이 달라져서 듣기(Listening)는 대부분 학생이 강한 추세다. 어학원에서 상위레벨의 학생들을 대상으로 가르친다면 더욱 열심히 준비해야 해야 한다. 단지 시강에서만의 문제가 아니다. 실제 수업에서는 더 긴장되는 일도 있다. 시강에서 한 것처럼 수업에서도 똑같이 해야 한다.

여기서도 마찬가지로 긴장하지 말고 최대한 정확하게 발음해야 한다. 보이지 않는다. 단지 들린다. 그러므로 스크립트를 거의 다 외워야 한다. 머릿속에 암기가 되어 있어, 들으면 바로바로 입으로 나올 수 있어야 한다. 이렇게 되면 시강을 보는 입장에서는 전문성이 있으며 시강 준비를 철저하게 해 왔다고 느낀다. 어떤 강사는 듣기를 더 쉽게 생각하기도 한다. 어린 시절의 공부 습관에 따라서 강사마다 다르다. 듣기가 강하면 읽기가 약하기도 한다.

걱정하지 말고 도전하자. 완벽한 사람은 없다. 모두가 보통 사람이라고 생각하고 편안하게 하자. 지나고 나면 아무것도 아니다. 모든 강사가 그 자리에 서면 똑같다.

시강의 달인이 되는 비결

오디션 프로그램을 보면 "놀 듯이" 하라는 말이 있다. "놀 듯이"라는 말속에 담긴 의미가 부담 갖지 말고 평소대로 마음껏 하라는 말로 나는 이해한다. 긴장하지 말고 심사위원이 없다고 생각하고 노래를 하라는 말이다. 그래야 본인의 실력 100%에 자신이 몰랐던 실력도 발휘할 수가 있다.

선입견을 버린 프로그램 〈복면가왕〉을 보라. 대부분 프로의 세계에서 인정받은 가수가 나온다. 그들의 노래를 듣고 유명한 작곡가나 가수 등은 "실력이 있는 가수이나 오늘은 긴장을 많이 해서 실력을 제대로 발휘하지 못한 거 같다."라는 말을 자주 한다. 이처럼 긴장하면 자신이 가지고 있던 실력조차도 발휘할 수 없다. 준비를 오래 했지만 100%를 보여 줄 수 없는 것이다.

그렇기에 긴장해서 나쁜 결과를 가져올 바엔 "까짓것 대충 하자, 내가 준비한 것을 보여 주고 그대로 평가받자, 당신들은 뭐 그렇게 특별나니?, 여기서면 다 똑같지"라고 생각하며 자신이 준비한 모든 것을 보여 주자. 이렇게 생각을 바꾸는 순간 당신은 "수업이 재미있다, 머릿속에 쏙쏙 들어온다. 잘 가르친다."라는 말을 들을 것이다. 이것이 내가 많은 시강에서 합격한 비결이다.

당신도 생각을 바꿀 수 있다. 당신은 가능성이 충만한 사람이다. 세상에서 하나밖에 없는 가치 있는 존재이다. 절대로 주눅 들지 마라. 주눅 들 이유가 없다. 다른 많은 학원에서 당신을 기다리고 있다고 생각하라. 당신의 선택권은 넓다고 생각해라. 그러면 한결 긴장도 줄어들고 마음도 가벼워질 것이다.

6. 반드시 기억해야 하는 면접 전략 2가지

면접은 부담 없이 준비하자

당신의 시강에 만족했다면 면접관들은 당신에 대해서 알고 싶어 면접한다. 질문과 대답으로 이루어진다. 크게 어려운 전문지식을 측정하려 하거나 일반 회사처럼 압박면접을 하지는 않는다. 상황을 가정해서 질문을 하는 경우도 드물다. 일반 회사는 다양한 상황에서 질문을 한다. 무인도에 가려고 하는데 가져가고 싶은 3가지를 선택하고 그 이유를 말하라는 식의 면접 질문을 하는 예도 있다.

어학원에서는 이런 면접은 절대로 없다. 내가 면접을 본 기억으로는 없었다. 그래서 면접에 대해서 심도 있게 준비할 필요는 없다. 설령, 준비한다고 해도 면접관이 어떤 질문을 할지 알 방법도 없다. 신입이라면 이 분야에 지원한 동기와 영어교육에 대한 자기 생각 정도를 준비하면 될 것이고 이직하려고 하는 경력자라면 전 직장에서 그만둔 이유를 준비해야 한다. 합리적인 이유를 준비해야 한다. 간혹 전 직장에 전화를 걸어서 확인해 보는 일도 있다. 어떤 곳에서는 영어면접을 보는 경우가 있다. 하지만 한국인에게 유창한 영어를 요구하지 않는다. 자기의 생각을 천천히 간단하게 표현만 하면 되니 큰 부담을 가질 필요가 없다.

이것만은 꼭 기억하자

시강에서 합격점을 받았는데 시강보다도 더 주관적인 최종면접에서 불합격을 받는다면 이해가 안 될 수도 있다. 그래서 내가 많은 어학원과 회사의 면접을 통해서 깨달은 2가지가 있다. 합격했을 때와 불합격을 했을 때의 경험을 분석해서 내린 2가지의 사항이다. 반드시 명심해야 한다.

시강을 잘해 놓고 길어야 20분 되는 면접에서 떨어지면 정말로 안타깝다. 한 곳의 학원 면접을 보면 그날 하루를 다 소비해야 한다. 그래서 더욱 안타깝다. 보통 저녁 면접을 선호하지 않기 때문에 학원에서는 2시나 3시에 면접 약속을 잡기 때문에 다른 곳은 거의 갈 수가 없기 때문이다. 단지 20분의 면접은 질문과 대답으로만 평가한다. 이것으로 함께 일할 수 있느냐를 평가할 뿐 그 사람의 모든 것을 알 수는 없다. 짧은 시간에 느낀 자신의 주관과 선입견으로 채용을 결정한다. 실력보다도 감성적인 판단으로 불합격한다면 억울하기도 하고 이해되지도 않을 것이다. 그래서 내가 깨달은 2가지 방법은 '겸손해야 한다'와 '최대한 말을 적게 해야한다'이다.

1) 무조건 겸손해야 한다

나는 면접을 볼 때 자신감 있는 모습을 보이기 위해서, 목소리도 크게 하고 말투도 맺고 끊으며 또박또박 정확하게 말을 했다. 나는 정말로 열정을 가지고 말을 한 거 같은데 이것이 다소 도전적으로 비추어지는 경우가 있다. 아니, 사람들이 그렇게 받아들인다. 이렇게 되면 서로 소리가 높아지면서 흥분하게 된다. 질문은 이상한 방향으로 흐르고 대답도 지극히 사적인 선으로 넘어가게 된다. 이러면 면접 아닌 면접 같은 꼴이 되어 버린다. 그들은 나를 보내고 감성적으로 판단해서 뽑지 말자고 결론을 내린다. 나의 판단으로는 그렇다. 이런 면접을 하고 나오는 나 또한 흥분했음을 느낀다. 그리고 극히 개인의 사적인 질문 같은 그런 쓸데없는 질문을 왜 하는지에 대해서 찝찝하고 면접관들의 자격에 대해서 생각해 보게 된다. 이런 경험을 한 곳은 다 불합격을 받았다. 시강을 열정적으로 잘해 놓고도 이런 결과를 얻었다면 정말로 안타깝다. 감성적으로만 판단해서 불합격되었다는 생각이 머릿속을 맴돈다.

초반에는 잘 정돈된 이력서와 좋은 시강으로 호감을 느끼다가 면접에서 꽝하고 망치는 것이다. 작은 말투가 면접관의 감정을 상하게 할 수 있다. 그 강사의 실력과 경력보다도 왠지 뽑고 싶지 않은 것이다. 인간은 감성적인 존재다.

나도 이런 경험을 한 적이 있다. 은행 창구에 가서 궁금한 점을 물어보았을 때 당당하고 자신감 있는 말투, 다소 격앙된 목소리 톤과 또박또박한 말을 듣고 나왔을 때 기분이 이상하게 나쁘게 느껴졌다. 그 사람은 자기의 일을 했고 객관적으로 보아서는 잘못한 점이 없다. 하지만 고객의 입장에서는 높은 점수를 줄 수 없다. 내가 바로 이런 경우였다. 그 은행 직원도 원래 성격은 그렇지 않을 것이다. 하지만 단 1분만으로 나는 그 사람을 평가하게 된다.

면접도 이와 같다. 당신이 잘못한 게 없어도 당신을 채용하지 않는다. 정작 강사는 면접관들보다는 학생들과 더 잘 지내야 하는데도 그들은 싫은 것이다. 당신이 학원의 발전을 위해 할 수 있는 잠재 가능성보다는 순간의 감성적 판단을 한다.

대치동의 한 어학원에서 있었던 일이다. 애매한 불합격 메일을 받았다. 불합격 메일에 '능력과 열정은 뛰어나지만, 자신들의 방향과 맞지 않는다.'라는 애매한 불합격 통지서였다. 자신들의 방향이 무엇이란 말인가. 참 애매한 표현이다. 그 학원의 특성을 보아 7장의 이력서에 표현한 나의 가치관과 능력을 꼼꼼하게 점검하고 면접 요청을 했던 것이 분명하다. 사전에 영어인터뷰로 1차 검증을 했다. 그리고 시강 자료를 보내 주면서 파워포인트로 준비하라고 해서 그렇게 했고 추가로 자신이 하고자 하는 영역을 더 준비하라고 해서 그렇게 열심히 성실히 준비했다. 시강은 훌륭하다고 했다. 그런데 불합격 이유가 너무 허망했다.

면접관은 중간에 맘에 들지 않으면 강사가 대답하는 말의 꼬리를 잡고 다른 질문으로 돌린다. 혈액형을 가지고도 의미 없는 대화를 이어 가기도 한다. 이럴 때 눈치채야 한다. 그들은 당신을 선택할 생각이 없다는 것을 알아야 한다. 이런 면접을 하고 나오는 나도 기분이 그리 좋지는 않았다. 면접을 보았다는 기분이라기보다는 어디서 싸우고 온 것 같은 애매한 기분이 든다.

내 경험상 면접관들은 이런 모습을 싫어한다. 자신감이 있어야 한다는 말은 형식적인 말에 불과하다. 면접관들은 다소 순종적이고 차분하며 겸손한 말투와 태도를 좋아한다. 자신들보다 높은 소리를 좋아하지 않는다. 무조건 겸손해야 한다. 당당하고 띳띳해야 한다는 건 잘못된 상식이다. 딩신은 겸손해야 한다.

자본주의 사회에서 당신이 당신의 고용주보다 앞선다면 좋아하겠는가. 고용주 앞에서 자유분방한다면 좋아하겠는가. 회사의 회장 앞에서 높은 톤으로 거리낌 없이 당당하게 얘기한다면 좋아하겠는가. 괜한 선입견으로 다 잡은 고기를 놓치지 마라. 페르소나 즉 가면을 써야 한다. 철학박사 강신주의 말처럼 생계를 위해서는 잠시 가면을 써야 한다.

2) 최대한 묻는 질문에만 답하라

사람과 사람이 만나서 말을 많이 하게 되면 서로의 감정을 상하게 하는 경우가 생긴다. 당신은 의도하지 않았지만, 상대방은 기분이 상한다. 그것은 굳이 안 해도 되는 얘기를 친하기 때문에 거리낌 없이 했기 때문이다.

사람들은 말이 너무 많다. 말이 많은 사람은 신뢰성이 떨어진다고 한다. 이 말이 틀린 것만은 아니다. 면접의 경험상 나는 최대한 나를 표현하기 위해서 이런저런 얘기를 했다. 내 앞에서는 "말을 참 잘하시네요."라고 말한다. 하지만 속으로 그들은 싫어하고 있다. 면접관이 한마디 했는데 당신이 세 마디를 하면 그들은 어떻게 생각할까. 당신이 면접관의 입장이라면 어떨까.

옛날에 할아버지, 할머니가 어린 손자와의 대화에서 할아버지와 할머니는 손자에게 한마디도 지지 않으려 한다고 한다. 한마디 하면 꼭 말대답한다고 하면서 자신들보다 두 마디, 세 마디를 더 한다고 구박한다. 바로 이런 비슷한 상황이 되어 버린다.

면접관은 생각한다. "이 사람 참 말이 많네. 함께 일하면서도 한 가지의 지시사항을 내리면 이것에 토를 달아서, 몇 마디의 말을 할 사람이구나, 피곤한 사람이겠구나"라고 생각할 가능성이 크다. 또한, 말 많고 탈이 많은 학원업계에서 이런 사람을 좋아할 리가 없다. 선동해서 함께 퇴사할 확률이 크다고 생각한다.

그래서 당신은 면접관이 묻는 말에만 간략하게 대답해야 한다. 모르는 것은 모른다고 대답해야 한다. 면접은 예능 방송처럼 당신의 입담을 발휘하는 곳이 아니다. 일하러 온 곳이다. 면접관이 알고 싶어 하는 것에만 성심껏 간단하게 답하면 되는 것이다. 괜히 말을 많이 해서 당신의 단점을 드러내지 마라. 면접은 점수를 깎기 위해 존재하는 것이다. 점수를 더 줄 가능성은 없다. 이미 이 책을 읽은 당신은 이력서와 자기소개서, 시강에서 점수를 얻었기 때문에 면접에서는 이것을 기억하는 것이 필요하다.

정말로 출중한 유학파여서 영어로 다양한 경험을 유창하게 설명하는 경우가 아니고서는 더 좋은 점수를 얻기를 힘들다. 명심하라. 최대한 적게 말을 해야 한다. 당신을 너무 드러내면 선입견만 가져다줄 뿐이다.

7. 상생할 수 있는 연봉협상이 답이다

희망 연봉은 묘한 심리전이다

면접관과 질의응답이 끝나면 연봉에 대해서 협상한다. 희망 연봉에 관해서 물어본다. 그러면 면접자의 입장에서는 난감하다. 왜냐하면, 구직자 입장에서는 조금이라도 더 받고 싶은 게 당연한 이치이고 학원 입장에서는 적은 돈으로 양질의 강사를 채용하고 싶기 때문이다. 이게 다 시장의 논리이다. 희망 연봉을 너무 낮게 불러도 면접관은 의외로 그 사람이 별 볼 일 없는 사람이라는 생각을 할 수도 있다. 이력서와 경력에 비해서 사람을 낮게 본다. 경쟁력이 없어 보인다. 그렇다고 또 시장의 질서가 어느 정도 정해져 있는데 너무 높게 부르면 학원은 채용하지 않을 것이다.

초보 강사는 대형어학원을 참고하라

그러면 어떻게 해야 하는가. 처음 강사를 한다면 대형어학원에 구직공고를 참고할 필요가 있다. 초봉의 선을 대략 올려놓았다. 그것을 토대로 제시하면 된다. 처음부터 많이 받을 수는 없다. 경력이 쌓이고 실력을 인정받으면 자연스럽게 연봉도 올라갈 수 있다. 첫술에 배부를 수는 없다. 일을 하면서 이 분야의 질서를 알 필요가 있다. 그러니 처음부터 높은 연봉을 부르지 마라. 자신이 교포나 원어민 정도의 영어를 구사하지 않는다면 학원에서 제시하는 연봉의 수준에서 일하라. 일반적인 회사나 대형어학원 수준에서 결정하는 게 좋다. 작은 학원보다는 대형 어학원에서 당연히 급여가 높으므로 대형어학원 수준에서 결정하는 게 좋다고 말하는 것이다. 일단은 경력을 쌓는 게 더 급선무다. 요즘 같은 취업난에서는 경력자를 더 선호하기 때문에 이직할 때 경력이 있어야 한다. 일하면서 그곳에서 내세울 수 있는 자신만의 실적을 쌓아라. 그러면 이직할 때 연봉을 더 많이 받을 수도 있기 때문이다.

경력자는 시장에서 정해진 선을 따르라

만약에 당신이 경력자라면 어학원에서 줄 수 있는 연봉의 선을 알 것이다. 나는 많은 곳에 면접을 보고 일하면서, 한국인에게 줄 수 있는 연봉의 적성 선을 알았다. 예전에는 무모하게 연봉을 제시했다가 원장이 혀를 내두르기도 했다. 주 6일이든 5일이든 줄 수 있는 적정선이 있다. 대략 수치가 나온다. 교포나 원어민이 아니고서는 그 이상은 힘들다.

원어민도 대화를 통해서 어느 정도 선을 받고 있는지도 알 기회가 있었다. 유명한 프랜차이즈 회사가 어느 정도 선인지 알고 나서 원어민조차도 그 적정선 위로는 힘들다는 것을 알았다.

자신이 어느 정도의 성과가 있다고 해도 학원에서 줄 수 있는 한계가 있다. 물론 비율제나 단과수업, 프리랜서의 경우 강사의 재량에 따라서 달라질 수도 있다.

하지만 노력과 들이는 시간에 비하면 비슷할 것이다. 전임제나 비율제나 각각의 장단점이 있기 때문이다. 내가 일해 본 경험으로는 그렇다. 그 선에서 더 벌려면 수업 준비를 많이 해야 하고 더 많은 수업을 해야 한다. 같은 시간의 수업 준비와 수업을 했을 때 평균적으로 더 많이 벌기는 힘들다는 것이다. 연봉의 선이 정해져 있는 것이다.

스타강사나 온라인 강사라면 또 다르다. 그들은 개인 사업자이다. 본인이 강사이고 기업이다. 연봉은 몇천에서 몇억까지 다양하다. 여기서는 보편적인 강사를 얘기하는 것이다. 그래서 경력자는 보편적인 수준에서 얘기해야 한다. 그래서 어학원에서는 경력이 7년이 되는 강사나 4년 된 강사나 연봉이 비슷할 수도 있다. 학원에서 줄 수 있는 적정선이 정해져 있기 때문이다. 또한, 학원 입장에서도 7년 경력과 4년 경력 강사의 강의력에 별 차이가 없다고 생각한다. 청소년인 학생들을 가르치는데 굳이 7년 경력의 강사에게 연봉을 더 준다고 해서 학원이 수익이 확실히 올라간다고 생각하지 않는다. 그래서 웬만큼 경력이 쌓인 강사는 자신의 사업을 하려고 하는 것이다.

경력자는 일단은 자신이 받을 수 있는 최고의 연봉을 제시하는 것이 맞는다고 생각한다. 대형어학원에서 작은 학원까지 면접을 보다 보면 대형어학원에서 자신에게 줄 수 있는 연봉선과 작은 학원에서 줄 수 있는 연봉선을 알 것이다. 그 선에서 협상하고 더 많은 연봉을 원한다면 그 내부에서 직급을 맡거나 특강을 하는 방법, 성과급 등을 노려야 할 것이다.

연봉만이 불합격 이유는 아니다

자신이 원하는 적정선의 연봉을 제시했는데 학원에서는 다른 구직자의 면접을 더 보고서 연락을 주겠다고, 더 생각해 보겠다고 했는데, 결국은 불합격 통보를 받았다는 강사도 있다. 물론 있을 수 있다. 이럴 경우는 여러 가지의 이유가 있을 수도 있다. 한 가지는 정말로 연봉 대비 능력이 좋고 맘에 드는 강사를 구했거나 그 학원의 규모에 비해 당신이 부담될 수도 있다. 학생들이 당신의 능력까지는 필요

없는 영어 수준일 수도 있다. 동네 작은 어학원에서 스타강사를 쓸 이유는 없다. 이와 비슷한 경우다. 또는 그 정도를 줄 만큼 당신의 능력을 평가하지 않을 수도 있다. 학원마다 다를 수 있다. 개인의 마음을 다 알 수는 없다.

나도 연봉을 조금 높게 불러서 떨어진 일도 있다. 그리고 높은 연봉을 제시했다가 부담스럽게 느꼈지만 나를 맘에 들어 해서 어떻게라도 함께 일하려고 그 학원에서 줄 수 있는 한계치까지 협상한 적도 있다. 그래서 결국은 채용되었지만, 학원은 부담을 느끼고 주는 만큼 일하라는 식으로 잡무를 만들어서 주거나 등록률을 높이라고 압박하거나 수업을 수시로 감시하는 등 나를 숨이 막히게 해서 그만둔 때도 있다. 학원은 처음에 줄 수 없으면 계약하지 말았어야 했다. 계약했다면 강사를 믿고 지켜봐야 하는데 그렇지 않았다.

모두가 만족하는 연봉협상 노하우를 배우자

연봉은 강사 입장이나 학원 입장에서 서로 부담 없는 선에서 협상해야 한다는 것을 많은 학원에 다니면서 깨달았다. 서로 부담을 느낀다면 서로의 관계가 오래가기 힘들다. 학원은 주는 만큼 일을 시키려 하고 강사는 그에 부응하려고 하다가 힘에 부치게 되는 악영향을 초래한다.

그래서 내가 이 모두를 만족하는 방법을 알았다. 이는 학원이나 회사나 다 똑같이 적용된다. 연봉협상 시 희망 연봉을 말해야 한다면 면접관에게 "학원(회사)마다 나름의 규모나 급여방식이 다르기에 제가 연봉을 제시해도 큰 의미가 없을 거 같습니다. 학원(회사) 내규에 따라서 정해 주시면 그에 따라 조금씩 상호 조절하고 싶습니다." 이런 방식으로 얘기하면 대부분 그 자리에서 줄 수 있는 연봉을 제시하거나 계약서 작성 시에 얘기한다. 그전에 전화로 책정된 연봉을 얘기해 주기도 한다.

이렇게 하면 장점이 많다. 괜히 모든 것에 만족했는데 연봉 하나 때문에 가고자 하는 학원을 놓칠 일도 없다. 연봉을 오히려 자신이 생각하는 것보다도 더 받을 수도 있다. 구직자가 흔히 "내가 너무 낮게 연봉을 제시하는 건 아닌가, 원래는 더 받을 수도 있는데"라는 생각하기도 한다. 이 방법으로 이것을 해결할 수 있다. 더 받으면 좋은 것이고 약간 낮으면 한 번 더 얘기해 볼 수도 있다. 조금 낮은 정도면 일해도 된다. 학원마다 약간의 차이가 있기 때문이다. 그런데 터무니없이 낮다면 그 학원(회사)의 급여 수준을 알게 되는 것임과 동시에 그 학원의 재정 상태와 경력 대비 강사를 저평가하는 학원임을 알 수도 있다. 이외에도 다양한 정보를 알수 있다. 그럴 경우에는 강사가 거절하면 되는 것이다. 협상해도 자기의 경력 대비 급여에 턱없이 못 미칠 것이기 때문이다.

학원 입장에서 구직자가 많다고 생각하지만, 강사 입장에서도 갈 수 있는 학원이 많다고 생각하면 된다. 학원은 강사를 귀하게 생각해야 하고 강사도 학원을 나의 학원이라고 생각해야 한다. 어떤 학원은 맘에 드는 강사가 없다고 6개월, 1년 내내 구직공고를 내고 있고 어떤 강사는 일하고 싶은데, 갈 수 있는 학원이 없다고 한다. 어떤 강사는 이력서를 내면 바로 면접을 보자고 연락받고 어떤 강사는 이력서를 몇십 개를 넣어도 연락이 오는 곳이 없다며 한탄한다.

그래서 서로 상생해야 한다. 너무 낮은 급여는 자신의 가치를 떨어뜨리는 결과를 초래하고 더 나아가 이직할 때 영향을 줄 수도 있다. 생산성이 떨어져 결국은 학원과 강사가 든든한 동반자가 될 수 없다. 학원도 강사도 서로 상생할 수 있는 합리적인 연봉협상을 해야 한다.

8. 황당한 채용도 있다

좋은 학원을 만났다면 감사하라

돌이켜 보면 강사를 시작한 이후 많은 학원에서 면접을 보았다. 채용 과정에 있어 정말로 황당하고 기본 상식에서는 생각할 수 없는 학원들이 꽤 있었다. 그중, 몇 가지를 사례를 소개하려고 한다. 내가 이렇게 밝히는 이유는 이런 일이 당신에게 일어날 수 있고 또 어디에서 누군가는 이런 일을 당하고 있을 것이기 때문이다. 이런 나의 경험을 거울삼아 이런 일을 당하지 않기를 바랄 뿐이다.

학원은 전문적 지식이 없어도 경영할 수 있나. 인성이 갖추어져 있지 않아도 경영할 수 있다. 자본금이 있다면 누구나 강사를 채용하여 운영할 수 있다. 누구에게나 오픈되어 있다. 그래서 이런 일이 발생할 수 있다고 생각한다. 일반 회사에서도 면접관의 자질성에 대한 논란이 심한데 하물며 학원은 어떻겠는가.

물론 모든 학원의 원장이 그런 것은 아니다. 강사의 경험을 잘 살려서 학원 운영을 잘하시는 분도 있고 강사를 귀하게 생각하는 원장도 있다. 구직자를 배려해 드물지만, 면접비를 지급하는 곳도 있다. 전문적 지식을 갖추고 있으며 인품이 훌륭하신 분도 많다. 당신이 만약 이런 분들과 함께 근무하고 있다면 하나님께 감사해라. 성공하기 위한 조건 중의 하나는 좋은 사람을 만나는 것이다. 당신은 이런 분들과 함께 성공하기를 바란다.

출근 전날 채용을 취소하는 학원

신정동의 한 어학원에서 있었던 일이다. 첫날, 시강과 면접에서 합격했다. 두 번째는 합격했으니 한 번 더 와서 자세한 대화를 하자고 했다. 그래서 교육은 언제부터 있을 예정이고 인수인계를 어떻게 하겠다고까지 대화했다. 나는 출근하기만을 기다리고 있었는데 출근 전날에 원장은 전화했다. 그러더니 기존에 있던 강사를 그대로 쓰기로 했다고 하며 죄송하다고 했다. 기존의 강사가 더 일하고 싶어 하는데 매정하게 거절할 수 없다는 것이었다. 정말로 어이가 없는 상황이었다. 나는 다른 학원 면접도 가지 않고 기다렸는데 너무도 한심했다. 그 원장은 그냥 그렇게 전화를 서둘러 끊었다. 그 추운 겨울에 면접을 보러 간 의미가 없었다.

주변 사람의 말만 듣고 의심하는 학원

제기동의 한 어학원이다. 당시 나는 신수동에 살고 있었다. 그래서 제기동까지는 다소 거리가 멀었다. 지하철을 타고 버스를 타고, 묻고 또 묻고 찾아가야만 했다. 스마트폰이 없던 시절이었기에, 버스에서 내려서도 길을 물어 깊은 골목까지 가야만 했다. 도착해 보니 큰 어학원은 아니었다.

원장은 내 이력서를 살펴보고 시강과 영어인터뷰를 요청했다. 결과에 만족하는 듯 희망 연봉을 물었고 생각한 것보다는 조금 낮은 선에서 일하기로 했다. 1주일 후로 출근 날짜를 정했다. 밤 8시가 넘은 시간에 학원을 나오면서 비록 저녁도 먹지 못했지만, 보람이 있었다고 생각했다. 밤늦게 되어서야 집에 도착한 나는, 빠르게 갈 수 있는 대중교통을 알아보았다. 그리고 안도의 한숨을 쉬며 잠이 들었다.

그런데 3일 후에 원장은 전화했다. 교수부장과 대화를 했다고 하며 내 이력서에 적힌 내용을 토대로 이런저런 걸 자세하게 물었다. 별로 기분은 좋지 않았다. 이미 면접 때 다 물었던 걸 왜 또다시 묻는 건지 이해할 수 없었다. 그러더니 다시 와서 교수부장과 다른 강사들 앞에서 시강과 면접을 보자고 제안했다. 내가 무슨 잘못이라도 한 거처럼 느껴졌다. 사람을 믿지 못하는 것처럼 보였다. 기분이 너무도 좋지 않았다. 이는 사람을 채용할 의도가 없기에 형식적으로 다시 와서 시강과 면접을 보라고 하는 것으로밖에는 생각되지 않았다. 이런 분위기에서는 일해도 편치 않을 거라는 생각이 들었다. 결과는 거절인 것이 뻔한데 다시 면접과 시강으로 하루를 낭비하고 싶지 않아 나는 거절을 했다. 이 상황에서 갈 사람은 없을 것이다. 어떤 이유인지도 밝히지 않고 주변 사람들의 편견에 섞인 말만 듣는 원장이 소신이 없다는 생각이 들었다.

강사를 재고 또 재는 학원

성북동의 한 어학원이다. 이력서를 제출하자 면접을 보자고 하며 연락이 왔다. 이곳은 지하철역에서 그리 멀리 떨어져 있지 않은 곳이라서 쉽게 찾을 수 있었다. 학원에 들어서자 작은 상담 부스로 나를 안내했다. 한 남자가 들어왔고 간단히 대화를 나누었다. 자신이 어떤 위치에 있는지도 밝히지 않았다. 나의 경력을 보고 자신이 같은 프랜차이즈에서 근무했던 경험을 얘기하며 호의적인 반응을 보였다. 그리고 학원이 새로운 운영진으로 새롭게 구성될 예정이라고 밝혔다. 그래서 강사를 뽑고 있다고 했다. 오늘은 1차 면접이고 이번 주나 다음 주 내로 다시 연락하겠다고 했다.

며칠 후에 다시 연락받았고, 그다음 주 월요일 3시에 다시 양복을 입고 면접을 보러 갔다. 오늘 하루는 보람이 있기를 바라며 학원에 들어섰다. 이번에는 여자가 인사를 하며 상담 부스로 들어왔다. 그녀는 자신을 원장으로 소개했다. 대화하면서 느낀 점은 이 분야를 잘 모르지만, 자본금이 있어 처음 시작해 보려는 것임을 알았다.

경력자임에도 수습 기간에는 월급의 70%를 주려고 했다. 나는 경력자도 수습 기간이 있을 수는 있으나 월급은 100%라고 얘기했다. 내가 근무했던 대형어학원의 예를 들어 설명해 주었다. 희망 연봉을 제시하자 원장은 뜬금없이 시강을 보자고 했다. 원래 강사들은 준비 없이 한다고 하면서 시강을 제안했다. 나는 강의실로 함께 들어가서 문법 시강을 했다. 원장은 시강이 대단히 전문적이라고 하며 흡족해했다. 원장은 앞으로의 학원 발전 방향에 관하여 얘기를 한 후 연락하겠다고 하며 면접을 끝냈다.

이렇게 이 학원으로 인해 이틀을 그냥 보냈다. 또 하루가 다 지나갔다. 1주 동안 연락이 없다가 원장은 토요일 전날 밤에 갑자기 연락해서 다음 날 아침에 대표와 함께 면접을 제안했다. 구직자의 스케줄은 어디에도 없었다. 이 원장은 계속해서 다른 구직자와 면접을 보면서 나와 비교하고 또 비교하는 것으로 느껴졌다. 사람을 재고 또 재는 것이 느껴졌다.

후에 또다시 면접을 제안했으나 다른 곳과 계약을 한 상태라서 일주일에 3일 정도밖에 일할 수 없을 거 같다고 하자 아쉬워하며 전화를 끊었다. 당시 나는 프리랜서로 일하고 있었다.

1주일이 흘렀을 무렵 또다시 원장은 전화했다. 자신이 수업 시간표를 짜고 있는데 어떻게든 함께 일해 보고 싶다고 하며 나의 시간표를 만들려고 한다고 했다. 나는 허용되는 요일과 시간을 알려 주었다. 바로 연락을 주겠다고 하며 끊었다. 2주 정도 연락이 없었다. 그러다 다시 연락하더니 강사 중의 한 명이 외국에 잠시 가기로 했는데 그 시간을 메워 달라고 하는 것이었다. 입사 때부터 약속한 것이었다고 했다. 또한, 그 후에는 강사 한 명이 임신 중이라서 그만둘 예정이라면서 그 자리를 내가 메워 주면 된다고 했다. 최대한 시간표를 조정하겠다고 했다.

그래서 다음 날 약속을 잡고 다시 학원에 갔다. 학원에 갔는데 이상하게 예전보다 사람이 없었다. 처음 면접에 보았던 남자, 상담실장이라는 사람도 없었고 데스크의 여자 직원도 1명밖에 없었다. 처음 보는 사람이었다. 1달이 넘는 시간 동안 무언가 바뀌기는 한 거 같았다. 원장은 30분 뒤에 늦어서 죄송하다고 하며 도착했다.

여기서부터 또 황당한 일이 벌어졌다. 강사가 많이 바뀌어서 학생들이 혼란스러워하고 있다며, 잘 부탁한다는 말로 시작했다. 시간표를 조정하고 강사들의 공백에 대해서 언급했다. 내가 서서히 파트를 정리하고 전임으로 일할 때의 근무 조건까지 대화가 흘렀다. 마지막에 급여에 관해서 얘기하는데, 전에 면접 보았을 때의 급여 수준을 다 잊어버리고 나에게 다시 물었다. 나는 지난번에 제시한 급여를 다시 말하자, 원장은 그럼 이번에 잠시 파트로 일을 하는 건 얼마를 원하느냐고 물었다. 나는 현재 다른 어학원에서 받는 수준으로 말을 하자 많다는 표정을 짓더니, 터무니없이 낮은 금액을 제시했다. 내가 무슨 대학생 아르바이트를 하는 것도 아니고 경력자에게 제시하는 것치고는 황당했다. 나는 정말로 이건 아니라는 생각에 이유를 들어 설명했다. 그러자 원장은 뜬금없이 일어나더니 나와 일할 수 없을 거 같다며 나를 문밖으로 내보냈다. 세상에 이런 경우가 있나 하는 생각이 들었다. 황당하고 어처구니없고 짜증이 났지만 참을 수밖에 없었다. 결국, 또 하루를 이렇게 낭비하게 되었다.

강사를 하찮게 취급하는 학원

목동의 한 학원. 그 지역에서는 단과학원으로 잘 알려진 학원이다. 이 학원에서 면접을 보았을 때의 일이다. 면접 시간보다 조금 일찍 도착해서 대기하고 있었다. 팀장이라고 하며 여자 강사가 들어와서 인사를 하며 설문조사 비슷한 종이를 주면서 적으라고 했다. 질문은 꽤 많았다. 간단하게 말하면 희망 월급, 학원에 관한 나의 가치관 등 이런 것이었다. 이걸 적고 있는데 들어와서 급하게 재촉했다. 그래서 나도 급하게 적어서 주었다.

그 다음에, 시강 자료라고 하면서 주었다. 전년도 수능 문제였다. 수능 기출문제라는 건 나중에 알았다. 또한, 그 문제는 수능에서 학생들이 가장 어려워서 많이 틀리기도 하고 논란이 되었던 문제였다. 지문이 길었고 단어도 어려운 것이 꽤 있었다. 급하게 문제를 주는 바람에 당황이 되었다. 사전에 시강 준비에 대한 말도 없었기 때문에 조금은 황당했다.

5분 정도가 지났다. 문제를 보고 있는데 팀장이 와서 다 되었냐고 재촉했다. 나는 조금 더 보겠다고 하자 서둘러야 한다고 했다. 원장님은 수업 스타일만 대충 보는 거라고 하면서 나를 재촉했다. 나는 수업 스타일만 보는 거면 완벽하게 다 읽고 답까지 안 찾아도 되겠다는 생각에 따라갔다. 원장실인데 들어가니 원장과 한 명의 나이 든 여자가 있었다. 아마도 부원장 정도로 기억한다. 그들은 책상 끝 쪽에 앉아 있었고 별 인사도 없이, 말도 없이 바로 수업하라고 했다. 정말로 이상했다. 문단의 두 번째 줄을 시강하고 있는데 원장이 불쑥 말을 꺼냈다. 문제에 대해서 다 보고 이해하고 답을 다 찾고 들어왔냐고. 그래서 팀장이 수업 스타일만 본다고 해서 다 못 보고 들어왔다고 했다. 원장은 다시 나가서 확실하게 준비하고 들어오라고 했다.

잠시 후에 나는 다시 준비하고 들어갔다. 이 정도 되면 내 경험상 어떤 학원인지 알기에 그냥 집에 가고 싶었다. 하지만 좋은 경험이 될 거 같다는 생각에 다시 들어갔다. 시강을 다 마치자 그 원장은 "그래서 결국 답이 몇 번입니까?"라고 몇 번을 물었다. 오로지 내가 제대로 정답을 맞히는지에만 관심이 있는 거처럼 보였다. 시강의 과정보다는 정답이 우선인 거처럼 보였다. 내가 정답을 맞히자 나를 작은 사무실로 안내했다. 내 이력서를 보고 질문을 시작했다. 그런데 그 질문이 참 수준이 낮다는 느낌을 받았다.

많은 학원에서 면접을 보면서 그런 질문은 정말로 처음 받았다. 최악의 면접 질문이었다. 일했던 학원 원장들의 신변잡기식 질문, 자신의 학원에 도움이 될 만한 다른 학원 시스템 구성에 대한 질문 그리고 학원 생활하는 데 전혀 도움이 안 되는 극히 개인 신상에 관한 질문들이 주를 이루었다. 무엇보다도 말에 말꼬리를 잡고

90

질문을 이어 가는 식이었다. 전혀 생산성이 없는 질문들이었다.

한여름에 에어컨도 틀지 않고서 더운 여름에 양복까지 입고 있는 나를 보고 이 사람은 도대체 무엇을 하는 건지, 내내 짜증이 났다. 2시간 정도 그렇게 단둘이 대화를 나누었다. 내가 지쳐 보이는 거처럼 보이자 갑자기 나를 데리고 다른 사무실로 데리고 갔다.

그 안에는 시강 때 보았던 여자 부원장이 있었다. 또다시 면접이었다. 그 더운 한여름에 에어컨도 안 틀고 또 면접이라니, 정말로 그곳에서 일하고 싶지 않았다. (내가 땀이 나고 덥다는 표정을 짓자, 에어컨을 켰지만, 작동이 제대로 안 되어 별 도움이 되지 않았다) 면접 같지 않은 질문을 받는 것도 싫고 대답하고 싶은 마음도 없었다. 그냥 집에 가고 싶었다. 그 부원장도 이것저것 물어보는데 나의 이마와 등은 땀이 흘러내리고 있었다. 묻는 말에 나의 짜증스러운 말투가 느껴졌는지 어색하게 나에게 "연락드리겠습니다." 하고 대화를 급히 마쳤다.

그날 나는 너무도 화가 났다. 면접 보러 간 강사를 그렇게 막 대한 것에 관해서 화가 났다. 유명하다고 하는 학원이 정말로 이건 갑질이라는 생각이 들었다. 원장도 건방졌고 부원장은 예의가 없고 팀장은 책임감이 없었다. 세상에 강사에게 이런 대접을 학원이 또 있을까 싶어질 정도였다. 시원한 차 한잔, 물 한잔도 대접해주지 않고 이건 너무하다는 생각이 들었다. 내가 면접 보러 가서 머물렀던 시간은 대략 3시간이었다. 3시간 동안 얼마나 시달렸는지 집에 와서 그냥 뻗었다. 몸이 너무도 피곤했다. 한여름에 양복 입고 강사가 면접에서 왜 이런 대접을 받아야 하는지 도저히 이해할 수 없었다.

책임감이 없는 학원

대치동의 한 어학원에서 있었던 일이다. 그 지역에서 인기가 상승 중이고 전국에 3개의 분원도 있는 어학원이다. 면접 때 협의했던 대로 근로계약서에 서명했다. 이전 학원보다 고정된 수업이 많고 급여도 높았다. 더욱이 목동 지역에 오픈을 준비하고 있어 거리가 먼 대치동까지 출근하지 않아서 꽤 괜찮다고 생각했다.

12월에는 개원설명회에 참석하여 앞으로의 수업 방향에 관하여 원어민 선생님들과 함께 발표하는 시간도 가졌다. 대치동 본원에서 청강하며 교육도 받았다. 그리고 개원 전까지 2주 정도 쉬는 시간을 가졌다. 그런데 개원하기 며칠 전에 시간표가 나왔는데 내 시간표가 없었다. 목동 분원을 담당하고 있는 관리부장도 나에 관한 얘기를 들은 바가 없다는 것이었다. 정말로 황당했다. 함께 교육받았던 원어민과 미국에서 대학을 졸업한 한국인 강사의 수업 시간표는 명시되어 있었다. 방학 특강을 포함해 100시간이 넘는 수업이 배정되어 있었다. 담당자는 알아보겠다고만 하고 연락이 없었다. 며칠 후에 전달받은 내용은 1월 수업은 없고 2월도 현재로서는 미정이라는 어이없는 답변이었다. 근로계약서까지 작성하고서 어떻게 이럴 수 있을까? 정말 책임감이 없는 학원이었다.

채용 공고와 전혀 다른 학원

서울 은평구의 한 학원이다. 이 학원은 입시학원으로 은평구에서 유명한 곳이다. 어학원도 개원해서 운영하고 있다. 공고를 보니 급여도 높고 출근 시간도 보통의 다른 학원에 비해 2시간이나 늦었다. 학원에서는 6시간 정도만 근무하면 된다. 누가 보아도 지원할만하다. 학원 광고가 버스에도 있고 마트에도 있고 명실상부한 최고의 학원이라는 이미지가 있다. 초등관, 중등관, 고등관을 별도로 운영하고 있다. 면접 시간에 맞추어 가니 안내데스크 직원이 시험지를 주면서 면접에 앞서 시험을 봐야 한다고 했다. 텝스 강사를 뽑으니 당연히 문제는 텝스였다. 30문제 정도였던 거 같다. 문법, 리딩, 어휘가 복합적으로 섞여 있었다. 다 풀고 있으니 잠시 기다리라고 하면서 시험지를 가져갔다. 그 여성은 시험을 잘 보셨다고 하면서 2층의 강의실로 안내했다. 2명의 강사가 있었다. 교수부장과 영어과 팀장이었다. 즉석에서 오늘 본 텝스 시험문제 중에서 팀장이 원하는 번호로 시강을 했다. 이후에 앉아서 면접이 시작되었다. 그런데 대화하다 보니 얘기가 이상한 쪽으로 흘렀다. 구인 공고에서 모집했던 어학원 분관이 아닌 입시학원에서 근무하라는 것이다. 이유를 묻자 그곳은 나중에 갈 수 있으면 가고 일단은 중고등관에서 일을 하자는 것이다. 가르치는 과목도 텝스가 아니었다. 황당했다. 더 황당했던 건 급여였다. 초보 강사 수준의 급여를 제시했다. 근무시간도 공고와는 달랐다. 급여와 근무시간 등을 생각하면 이건 노동착취 수준이었다. 너무 황당해서 대화를 나누다가 면접을 끝내 버렸다. 팀장은 수업이 있어서 먼저 자리를 뜨고 부장과 대화를 이어 갔지만, 여러 감언이설로 학원에서 나의 미래를 얘기했다. 더 이상 대화는 의미가 없었다. 학원의 입장에서는 가능하면 양질의 강사를 낮은 급여로 고용해서 이윤을 극대화하려고 하는 건 알겠으나 이건 정말로 터무니없었다. 거절하고 나왔지만 정말 허탈했다. 구인 공고와 실상이 다른 것에 허무함을 느꼈다. 시간이 아까웠다. 이후에 2번의 전화로 나를 설득했지만 나는 거절했다.

나는 분명하게 말하고 싶다. 당신이 아무리 급해도 위의 여러 사례에서 드러난 종류의 학원은 정말로 피하라고 말하고 싶다. 아무리 대형어학원이라도 강사를 예의 없이 대접하는 곳, 사람을 우습게 생각하는 학원에서는 일할 필요가 없다고 생각한다. 강사도 구직자 이전에 사람이다. 면접 도중에 혹은 채용 과정에서 이런 점이 느껴진다면 그냥 나와 버려라. 학원은 많다. 그들은 강사가 많다고 생각할 것이다. 하지만 강사도 학원은 많다고 생각해야 한다.

9. 합리적인 고용 형태와 급여 시스템을 선택하자

정규직과 계약직 & 전임(Full-time)제와 시간제(Part-time)

일반적으로 회사는 4대 보험이 되는 정규직과 계약직으로 나뉜다. 정규직은 정해진 기간 없이 자신이 일할 수 있는 한 고용 형태를 유지한다. 특별히 회사에 해를 가하거나 하는 등의 일이 없다면 계속해서 일할 수 있는 형태이다. 계약직은 정해진 기간만 일하기로 계약하고 필요할 경우 추가 계약하는 형태이다. 그런데 어학원이나 학원은 이러한 정규직, 계약직의 구분이 조금은 애매한 경우가 많다.

동네 작은 학원부터 시작해서 기업형 학원에 이르기까지 많은 학원이 존재한다. 기본적으로 학원의 강사는 프리랜서로 개념이 되어 있고 직업의 분류에도 자유로운 신분으로 규정하고 있다. 세금을 낼 때도 보면 회사의 직원이라는 개념보다는 세무상 간이 사업자로 규정하는 경우도 많다. 동네 작은 학원은 세금 없이 월급을 모두 주는 경우도 있다. 학원은 정말로 애매하고 통일성이 없는 고용 형태다. 그리고 학원 강사는 워낙 강사들이 쉽게 생각하는 경우가 있어서 그런지 몰라도 이직률이 높은 편이다. 주로 1년마다 옮기는 경우가 많다. 그래서 거의 12월부터 구직공고가 가장 많다. 사실상 고용 형태가 형태만 있을 뿐이지 의미가 없는 경우도 많다.

대형어학원의 경우 4대 보험에 가입하면서 정규직으로 고용하는 형태도 있고 4대 보험은 안 되지만 간이 사업자로 규정하여 고용하는 경우도 있다. 간이 사업자라고 하면 직원이라기보다는 사업자 간의 계약이므로 정직원이라고 볼 수는 없는 구조이다. 은행에 가면 4대 보험이 되고 안 되고의 차이에 따라서 대출이 달라진다. 또한, 4대 보험이 되면서도 1년 계약직으로 계약서를 작성하기도 한다. 추후 재계약이나 정규직으로 전환이 가능한 경우도 있다. 또는 간이 사업자의 성격을 띠면서 비율제의 개념을 덧붙여서 고용하는 형태도 있다. 수업과 학생 수에 따라서 급여가 책정된다.

또한, 전임제와 시간제(파트)의 개념이 있다. 전임제는 정규직이라는 말과 같다고 생각하면 된다. 2시에 출근해서 10시에 퇴근하고 학원에서 일어나는 대소사에 관여하고 담임 반을 맡으면서 관리도 하는 고용 형태이다. 시간제(파트)라는 개념은 전임제와는 다르게 필요한 시간과 요일에 따라 고용하는 형태이다. 주로 수업만 하는 경우가 이에 해당한다. 만약에 당신이 선택할 수 있다면 나름의 장단점이 있으므로 자신에게 맞는 형태를 선택하기를 바란다.

연봉제와 비율제 & 시급제

어학원에서는 몇 가지 종류의 급여 시스템이 존재한다. 당신에게 맞는 유형을 선택하는 것이 좋다. 연봉제는 월급제와 같다. 처음 계약할 때 연봉제를 적용하여 일하는 방식이다. 주로 이는 풀타임 근무로 계약직과 정규직으로 구성된다. 계약 직은 보통 1년을 계약하고 서로 별말이 없다면 자동 갱신한다. 퇴직금이 있는 게 보통이다.

4대 보험이 되는 곳은 퇴직금을 지급한다. 그렇지만 알아 두어야 하는 곳도 있다. 퇴직금을 지급하는데 연봉에 포함하는 곳도 있다. 원래는 연봉의 1/12을 해서 매달 월급을 주고 1년 이상 근무했을 때 별도의 퇴직금을 줘야 하는데 연봉의 1/13을 해서 월급을 주고 퇴직금도 적립하는 것이다. 실질적으로 연봉에 퇴직금이 포함되어 있는 곳이다.

또한, 연차를 알아볼 필요가 있다. 예전에는 학원의 특성상 강사가 수업에 빠질 수 없으므로 연차의 개념이 없었다. 있어도 급여 항목에 슬며시 포함되었다. 하지만 최근에는 연차를 보장하는 학원이 늘어나고 있다. 어찌 보면 예전보다는 복지 환경이 좋아졌다고 볼 수 있다.

4대 보험을 해 주는 곳도 있고 사업소득 3.3%을 적용하는 곳도 있다. 본인의 선택사항에 맡기는 곳도 있다. 4대 보험을 하면 월급에서 떼어 가는 세금이 많아서 월급이 줄어드는 경우가 있어 3.3%를 선택하는 강사도 있다. 어느 쪽이든 본인이 선택하면 된다. 4대 보험이라면 연말정산에서 세금 환급을 받으면 되고 3.3%라면 다음 해에 종합소득세 신고해서 환급을 받을 수도 있다.

시급제도 있다. 시급제는 시간당 단가를 정하는 것이다. 시간당 얼마로 할 것인지 정해서 계약서를 작성하고 이를 다음 달 월급에 준다. 시급제는 주로 파트타임 개념으로 생각되는 경우가 많다. 앞서 말한 월급제와 조금 다른 점은 시간 활용이 쉽다는 것이다. 자신의 수업이 있는 시간에 맞추어서 출근하고 수업이 끝나면 퇴근하는 것이다. 잡무를 거의 하지 않는다. 보통 풀타임으로 근무하면 2시에 출근해서 수업 준비 외에 다양한 잡무를 해야 한다. 그것에 대한 부담감이 거의 없다고 볼 수 있다. 하지만 수업의 양에 따른 월급을 받기 때문에 수입의 양이 일정하지 않을 수도 있다. 그래서 계약 시에는 한 달에 몇 시간을 보장해 주는지를 알아보는 것도 도움이 된다. 이는 학원에서도 부담이 없고 강사에게도 서로 부담이 없는 구조이다.

시급제는 대부분이 소득의 3.3%를 공제한다. 정규직이라기보다 프리랜서로 볼 수 있다. 학원마다 구직 공고에 이를 명시하는 경우가 있다. 비율제는 주로 단과 학원이나 입시학원에서 하는 시스템이다. 학생 인원의 50%라든지 60%라든지 계약해서 월급을 주는 형태이다. 그런데 이 방법은 별로 추천하고 싶지 않다. 유명한 강사나 자신의 강의에 자신이 있다면 가능할 수도 있다. 하지만 나중에 약간의 분쟁의 소지가 있다. 중간에 들어오고 나가는 학생의 반영이 잘 이루어지지 않는다. 실질적으로 중간에 몇 번 나왔다고 하면 학원에서는 이를 제외하고 학원비를 정산해서 환불해 주는데 학원에서 월급 계산할 때 일일이 점검하기가 번거로워서 계산을 안 하는 경우가 있다. 행여나 학생의 수강료가 입금이 안 되었다면 월급에 반영이 되지 않는다. 월급을 받을 때 깔끔한 느낌이 들지 않는다. 별로 추천하고 싶지 않다.

학원은 급여방식이 다양하다. 일반 회사는 4대 보험에 연봉제, 퇴직연금으로 정형화되어 있고 시간제로 일하면 아르바이트로 인식이 되어 있지만 학원은 좀 다르다. 프리랜서의 개념으로 본다. 나는 당신이 정규직, 계약직으로 풀타임으로 일해 보기도 하고 시급제로 일도 해 보기를 권한다. 나름의 장단점이 있다. 교포나 원어민의 경우 시급제로 일하는 경우도 많다. 오히려 시급제가 자신의 시간 활용과 비례해 볼 때 더 좋을 수도 있고 연봉제가 더 좋을 수도 있다. 자신의 성격과 업무 스타일 등을 판단하여 선택하는 편이 좋을 거 같다.

고정적으로 출근하고 퇴근하고 회사처럼 일하고 싶다면 연봉제나 4대 보험을 선택하는 편이 나을 수도 있다. 학원이 이런 시스템을 가지고 있다면 시도해 보라. 만약 당신이 잡무가 싫고 자유롭게 정해진 시간에 수업하고 싶다면 시급제를 선택해라. 또한, 투잡을 하고 싶다면 시급제를 선택하는 것이 좋다. 연봉제 즉 전임제를 선택하면 다른 일을 하기는 힘들다. 오직 학원의 업무에만 충실해야 한다. 근무시간에 다른 일을 할 수도 없고 그럴 여유도 없다. 잘 판단하기를 바란다.

제4장

정답이 없는 교수법, 공유하고 창조하자

1. 대상별 교수법 특징을 파악하자

교수법에는 정답이 없다. 가르치는 대상에 따라, 수준에 따라, 환경에 따라, 기타 이유 등에 따라서 교수법은 달라질 수가 있다. 받아들이는 대상에 따라 효율적일 수도 있고 비효율적일 수 있다. 교수법은 상대적이다. 여기서는 일반적인 수준에서 가르치는 교수법을 공유하고자 한다. 이것에 당신이 가지고 있는 창의적인 방법을 더한다면 당신만의 교수법을 개발할 수 있다. 무엇이든 기존의 것에서 새로운 것이 나오는 법이다. 조금이라도 도움이 되기를 바란다.

초등부는 활동(Activity) 중심으로

대부분의 어학원에서는 보통 4학년부터 초등부 학생을 받고 있다. 이 학생들의 특징을 알고 수업에 임해야 한다. 11살부터 13살의 학생들은 아직 호기심도 많고 장난도 심한 어린아이들이다. 그래서 수업함에 있어 너무 진지해서는 안 된다. 교실에 들어갈 때부터 밝은 표정으로 학생들을 맞이해야 한다. 수업에 들어가서 출석을 부르면서 한 명 한 명과 눈을 마주치며 관심의 말 한마디씩 해 주는 것이 좋다. 어린 학생들이기 때문에 강사가 자신에게 관심과 애정을 가지고 있는 것을 좋아한다. 만약 지난 시간에 Essay와 같은 과제를 제출했다면 그것에 대한 피드백을 주는 것도 좋다. 향상이 되었다거나 좋았다거나 하는 식으로 간단하게 칭찬해 주면 학생들은 더 좋아할 것이다.

지난 시간에 배운 내용에 대해서 단어시험을 보거나 아니면 학생들과 다른 테스트를 할 수도 있다. 가르치는 과목에 대한 시험을 보면 된다. 이를 채점하고 과제를 검사한다. 과제 검사는 수업의 마무리에 해도 무방하나, 강사가 수업에 집중하다 보면 깜박 잊을 수 있으므로 수업 시작에 하는 게 좋다.

초등부 학생들은 수업에 다양한 활동(Activity)을 넣는 것이 좋다. 팀을 나누어서 예습해 온 부분이나 새로운 단어를 손들어서, 먼저 맞추는 팀에게 점수를 부여해 사탕을 주는 방식도 좋다. 어떤 방법이든 좋다. 학생들의 수준에 맞는 활동

(Activity)으로 어린 학생들이 즐겁게 수업을 할 수 있는 분위기를 형성해야 한다. 하지만 너무 과해서는 안 된다. 어린 학생들이기 때문에 천방지축으로 돌아다니고 떠들게 되면 수업 자체가 흔들릴 수 있다.

수업의 마무리는 늘 과제를 적어 주어야 한다. 학생들에게 말로 해서는 나중에 잊어버리고 몰랐다고 하는 경향이 있다. 그리고 노트에도 과제를 적는 것을 확인해야 한다.

중등부는 자신만의 기본 스타일로

중학교 학생들은 초등부와는 다르다. 초등부 학생들은 생각하는 방식이나 행동 방향 등을 어느 정도 예측이 가능하다. 하지만 중학생들은 사춘기에 접어들었기 때문에 정해진 패턴이 없다. 다양한 생각과 행동유형이 나타나기 때문에 강사가 학생들에게 맞추기는 불가능하다. 그래서 강사는 정해진 자신만의 스타일로 학생들이 따라올 수 있도록 해야 한다.

이미 초등학교 때부터 다양한 학원에 다녀 본 학생들이기 때문에 학원에 익숙해져 있다. 학생들에게 관심을 주는 것은 좋으나, 다른 학생들에게 표나지 않도록 해야 한다. 출석을 부를 때 지난 시간에 제출한 과제에 대해서 언급한다면 부담감을 느낀다. 남들의 시선을 의식하는 사춘기이기 때문에 자칫 상처가 될 수도 있다.

칭찬받아도 부끄러워하는 경향이 있다. 일단은 같은 무리에서 남들과 동등해지길 원한다. 수업 때 질문도 조심해서 해야 한다. 중학교부터는 수업 중에 조용히 있고 싶어 하는 경향이 있다. 질문을 해도 누가 먼저 나서서 대답하려 하지 않는다. 그냥 고개를 숙인다. 행여나 강사가 질문할 때도 질문받는 걸 싫어하는 학생도 있다. 그 질문으로 인해 상처받을 수도 있다.

본 수업으로 들어가기 전에 지난 시간에 배운 내용에 대해, 간단히 테스트를 보거나 단어시험을 보는 것이 좋다. 이를 통해서 부족한 점을 짚어 주어야 한다. 대부분 중학교 1학년 때는 성적이 좋지만, 2학년부터는 성적이 침체기를 겪는다. 학교 공부 외에도 많은 학원으로 지쳐 있고 시간이 없기 때문이다. 테스트에 대해서는 과제를 부여해서 다시는 잊어버리지 않도록 해야 한다. 수업은 다양한 활동을 하는 것보다는 핵심 위주로 설명하면서 판서도 해야 한다. 초등부처럼 다양한 활동은 적합하지 않다. 중학교부터는 진지한 수업이 선행되어야 한다. 자신만의 스타일을 가져야 하고 자신만의 수업 전략으로 이끌고 가야 한다.

마무리에는 항상 그날 수업에 대해 복습을 간략하게 해 주어야 한다. 그리고 반드시 과제를 써 주고 다음 시간에 수업 방향에 대해서도 공지해 주어야 한다.

고등부는 실력 중심으로

중학교 학생들에 비교해서 고등학교 학생들은 이미 성인의 느낌이 풍기기 시작한다. 수업에 들어가면 강의실이 꽉 찬 느낌이 든다. 초등학교 때부터 중학교에 이르기까지 많은 학원에 다녀 보아서, 학원이라면 지겹게 생각하는 학생들이다. 배울 수 있는 모든 강사에게 다양한 과목을 다양한 스타일로 배워 왔다. 시험에도 익숙해져 있다. 그래서 자신의 현재 실력, 부족한 부분 등을 스스로가 잘 알고 있다. 그래서 자신이 어떤 수업을 들어야 하고 어떤 스타일의 강사를 원하는지도 알고 있다.

중학교 때까지는 학원과 강사의 선택기준이 학생들보다는 부모님의 영향이 컸다. 하지만 고등학생 때부터는 부모들의 선택보다는 자신들이 직접 과목을 선택하고 강사를 선택한다. 공부해야 할지 말지도 자신의 의지가 강하게 작용한다. 자신만의 생각이 정립된 상태이다.

이제는 본인들이 어리다고 생각하지 않기 때문에 초등학교나 중학교 수준의 장난에 움직이지 않는다. 그냥 유치하다고 생각한다.

강사가 작은 것 하나하나를 얘기할 필요가 없다. 본인들이 알아서 수업의 분위기를 만든다. 조용히 해야 할 상황에서는 조용히 하고 말을 해야 할 때는 말을 한다. 그래서 강사는 중학교와는 다르게 수업을 이끌어 가야 한다. 수업의 질을 끌어올려야 한다. 수업 준비를 철저히 해서 빈틈없는 모습을 보여 주어야 한다.

수업에 들어가서 지난 시간에 배운 내용의 테스트를 한다. 학생들은 시험에 진지하게 임한다. 자신이 공부하지 않았다면 죄송하다고 말하고 부족하다면 있는 그대로 받아들이고 인정한다. 공부하고 싶은 학생들만 오기 때문에 스스로의 의지력으로 실력을 향상하려고 노력한다.

고등부 교재는 중학교와는 다르게 난도가 높다. 그래서 강사는 꼼꼼히 공부해야 하고 명쾌하게 설명해 주고 판서를 해야 한다. 설명과 판서는 최대한 간단명료하게 해야 한다. 학생들은 길게 설명하지 않아도 무슨 내용인지를 알고 있다. 학생들이 원하는 건 요점이다.

학생들에게 때로는 질문을 할 수도 있지만, 학생들은 질문보다는 강사의 해설을 더 원한다. 해설이 불명확하다면 학생들은 다시 질문한다. 이에 더해 깊은 질문을 던지기도 한다. 강사는 이러한 질문에 대처하기 위해서 더 깊게 수업 준비해야 한다.

학생들은 많은 강사에게 배워 왔기 때문에 강사의 실력을 평가한다. 첫 수업에서 강사가 얼마나 잘 가르치나 보자는 표정으로 바라보기도 한다. 행여나 강사가 마음에 들지 않는다면 쉽게 바꿀 수도 있는 대상이 고등부라는 걸 알아야 한다. 고등부는 혼자서 공부하는 학생들도 많고 학원이 아닌 인터넷 강의를 선택하기도 한다. 그 외 다양한 매체를 통해서 공부한다.

고등부는 더 이상 어리다고 볼 수 없는 학생들이기 때문에 수업 마무리에 과제를 써 주지 않아도 된다. 한 번 얘기하면 알아듣고 해 온다. 본인이 시험에 필요하다 싶으면 자료를 직접 챙겨서 가져오기도 한다. 고등부 수업에서 절대적으로 필요한 건 강사의 철저한 수업 준비이다.

2 시간과의 싸움, 텝스(TEPS)의 영역별 노하우를 배우자

텝스(TEPS)를 한눈에 살펴보자

텝스(TEPS)는 읽기(Reading Comprehension), 듣기(Listening Comprehension),

문법(Grammar), 어휘(Vocabulary)의 4대 영역으로 구성된다.

먼저 읽기(Reading Comprehension)는 4개의 Part로 구성된나. Part Ⅰ은 지문을 읽고 빈칸에 적절한 답을 고르는 것으로 다시 말하면 논리적으로 빈칸에 적합한 문장이나 접속사를 선택하는 문제이다. Part Ⅱ 지문을 읽고 문맥상 어색한 내용을 고르는 것으로 글의 흐름에 어울리지 않는 것을 선택하는 문제이다. Part Ⅲ는 주어진 지문을 읽고 질문에 답하는 것으로 글의 주제를 찾는 문제와 이해도를 측정하는 문제로 구성되어 있다(1지문 1문항). Part Ⅳ는 이메일, 뉴스, 메신저 대화, 인터넷 정보, 신문, 잡지 등을 통하여 글의 주제를 찾는 문제와 이해도를 측정하는 문제로 구성되어 있다(1지문 2문항).

둘째, 듣기(Listening Comprehension)는 5개의 파트로 구성되어 있다. Part Ⅰ은 한 문장을 듣고 이어질 응답을 고르는 문제, Part Ⅱ는 짧은 대화를 듣고 이어질 대화로 적절한 것을 고르는 문제, Part Ⅲ는 긴 대화를 듣고 질문에 가장 적절한 답을 고르는 문제, Part Ⅳ는 담화를 듣고 질문에 가장 적절한 답을 고르는 문제(1지문 1문항), Part Ⅴ는 담화를 듣고 질문에 가장 적절한 답을 고르는 문제(1지문 2문항)로 구성된다.

셋째, 문법(Grammar)은 학생들이 가장 어려워하는 부분이지만 그에 비해 배점이 60점밖에 되지 않는다. 하지만 고득점을 받기 위해서는 무시할 수 없는 부분이다. 배점은 낮지만, 대부분 학생이 문법(Grammar)이 약한 점을 고려하면 가장 관심을 받는 영역이기도 하다. 문법(Grammar)은 총 4개의 파트로 구성되어 있다. Part Ⅰ은 간단한 대화 속에 알맞은 표현을 고르는 것이고 Part Ⅱ는 단문의 빈칸에 적절한 표현을 고르는 것이다. Part Ⅰ이 구어체, 실생활에서 사용하는 표현을 문제로 구성했다면 Part Ⅱ는 단문상의 표현법을 문제로 구성됐다. Part Ⅲ는 서로 주고받는 대화 그리고 문단에서 어색한 부분을 찾는 문제로 구성되어 있다.

넷째, 어휘(Vocabulary)는 문법(Grammar)처럼 30문제이고 배점은 60점이다. 총 2개의 Part로 구성되어 있다. Part Ⅰ은 대화문의 빈칸에 가장 적적한 어휘를 고르는 것이고 Part Ⅱ는 단문의 빈칸에 가장 적절한 어휘를 고르는 것이다.

읽기(Reading Comprehension)

1) 시간 관리와 쌍방향 수업으로 전환하라

텝스(TEPS)는 모든 영역에 있어 시간이 중요하다. 그러므로 수업 때 강사가 시간을 체크하면서 정해진 시간에 풀 수 있는 습관을 형성해 주어야 한다.

읽기(RC)는 일반적으로 토플(TOEFL)에 비해서 지문이 길지 않다. Part IV를 제외하고는 하나의 지문에 하나의 문제로 연결되어 있다. 그래서 빠르게 근거를 찾아서 답을 선택하고 다음 문제로 넘어가야 한다. 수업 시간이 한정되어 있어 수업 내에 35문제 모두를 풀 수는 없다. 또한, 그 모든 문제를 다 풀면 학생들은 너무도 힘들어하고 지루해한다. 그래서 한 번은 Part I과 Part II의 12문제, 다음은 Part III과 Part IV의 23문제를 시간 맞게 푸는 연습을 시켜야 한다.

그다음은 채점하고 문제를 풀어 주는 시간을 갖는다. 모든 문제를 다 해석해 주면 좋겠지만 시간의 한계가 있으므로 학생들이 어렵다고 느껴서 틀렸거나, 강사가 생각하기에 어려울 법한 문제를 선택해서, 해석과 동시에 구문을 설명해 준다. 답의 근거도 함께 설명하고 학생의 의견을 듣는 시간도 갖는다.

또한, 강사가 혼자서 해석과 설명을 하지 말고 학생들에게 특정 문장을 해석해 보라고 시켜보는 것도 중요하다. 참여형 수업으로 전환해서 학생들에게 긴장감을 주어 수업에 효율성을 더 높일 수가 있다. 그러면서 학생 개개인이 부족한 부분을 알려 주고 바로잡을 수 있도록 지도해 주어야 한다. 일방적인 수업보다 쌍방향으로 전환했을 때 학생들의 실력향상이 더 빨라진다.

2) Part I ~ IV : 구조를 알면 답이 보인다

수업 때마다 강조해야 할 사항이 있다. 텝스(TEPS) 읽기(RC)의 지문은 기본적으로 주제(Topic, Main Idea), 세부 사항(Supporting Detail), 결론(Conclusion)의 구조로 이루어져 있다는 점이다. 각 파트의 문제를 풀 때 어떤 부분을 찾는 질문인지를 먼저 파악하고 논리적인 구성으로 답을 찾아야 한다는 것을 강조해야 한다.

예를 들어 Part Ⅰ의 문제에 있어 Topic(Main Idea) 부분이 빈칸이라면 Supporting Detail과 Conclusion 부분을 읽고 종합하여, Topic(Main Idea)에 해당하는 답을 찾아야 한다. 만약 Conclusion 부분이 빈칸이라면 Topic(Main Idea)과 Supporting Detail을 종합하여 Conclusion을 찾으면 된다.

Part Ⅱ는 기본 구조 중에서 Topic(Main Idea)과 관련이 없는 Supporting Detail을 찾는 것이다. 확연하게 논리적인 연관성이 없는 Supporting Detail을 찾는 훈련을 시켜야 한다. Topic(Main Idea)의 범위를 너무 확대 해석했거나 너무 축소시킨 것을 찾는 연습을 해야 한다.

Part Ⅲ와 Part Ⅳ는 지문 유형의 차이가 있지만 비슷한 맥락에서 이해하면 된다. 적절한 Topic(Main Idea)을 찾는 문제라면 지문의 앞부분 즉 Topic(Main Idea)과 Supporting Detail을 연관 지어서 답을 찾아야 한다. 단 Contrast가 있다면 Topic(Main Idea)이 바뀌었다는 것을 알아야 한다. 또한, Correct와 Infer 문제일 경우 학술적인 문제는 Topic(Main Idea)을 기본 개념으로 풀어야 하고 실용문은 Supporting Detail을 주의 깊게 점검해야 한다.

Topic(Main Idea)	토픽(주제문) Part Ⅰ, Ⅲ, Ⅳ에서 Main Idea나 Topic, Purpose의 형태로 나온다
Supporting Detail	근거(세부 사항) 만약에 Contrast(But, Yet, However) 나오면 Main Idea가 전환됨을 유의한다.
Conclusion	결론(요약) 주로 Paraphrasing의 형태도 나타나며 없는 지문도 있다.

텝스(TEPS) 읽기(RC)는 글의 구조를 활용하여 가르쳐야 한다. 마지막으로 지문을 읽고 이 글이 정말로 말하고자 하는 것, 의도하는 것이 무엇인지 파악하는 눈

을 항상 키워 줘야 한다. 이는 이해도 문제, 추론 문제를 풀기 위한 밑바탕이 된다. 텝스(TEPS) 읽기(RC)의 핵심은 빠른 시간 내에 요점을 파악하는 능력을 측정하는 시험이라는 것을 알아야 한다. 3개월 정도 이런 과정을 반복하게 되면 학생들의 지문을 보는 눈은 높아진다. 문제를 보는 관점도 달라진다.

듣기(Listening Comprehension)

1) Part Ⅰ : 순발력과 관용어구(Idiom)를 중심으로

Part Ⅰ은 순간 들려주는 말을 듣고 파악하는 순발력이 중요하다. 빠르게 듣고 예상되는 답변을 골라야 한다. 이를 키우기 위해서는 구어체 표현을 가르쳐 주어야 한다. 우리가 일반적으로 일상생활에서 사용하는 표현은 학생들이 잘 숙지하고 있어 괜찮은데 문제는 한국 사회에서 널리 사용하지 않는 Idiom(관용어구)이다. 10문제 중에서 6, 7문제까지는 학생들이 쉽게 답을 고르는데 마지막 3, 4문제를 어렵게 생각한다. 잘 들어 보지 못했던 생소한 표현이 나오기 때문이다. 예를 들면 'I am sick of the work.'라는 표현이 있다. 순간 sick이라는 단어가 나오면 '아프다'를 연상한다. 하지만 이 문장은 '아프다'와는 전혀 다른 의미이다. 따라서 Idiom(관용어구)을 반복 학습해야 한다. 강사는 유사한 Idiom(관용어구)를 정리해서 알려 주어야 한다.

위의 예문을 예로 들면 be sick of = be tired of = be sick and tired of = be fed up with 등으로 정리해 줄 수 있다.

또한, 강사가 모든 것을 알기란 불가능하다. 그래서 책을 활용해야 한다. 서점에 텝스(TEPS) 빈출 표현이 잘 정리된 책이 있다. 이를 적극적으로 활용하는 편이 좋다.

강사가 공부하고 정리해서 알려 주도록 최대한 노력해야 한다. 이를 잘 숙지하고 있으면 다음에 살펴볼 Part Ⅱ와 어휘(Vocabulary)영역의 Part Ⅰ에서도 도움이 될 수 있다.

2) Part Ⅱ : 첫 화자의 말에 귀를 기울여라

Part Ⅱ는 대화 속의 응답을 고르는 문제인데 기본적으로 어학원을 다녀 본 학생들은 큰 어려움 없이 문제를 풀었다. 남자(여자)와 여자(남자)가 주고받는 말 중에서 이어질 대답을 고르는 과정인데 여기서는 반드시 처음 말을 한 남자(여자)의 말을 들어야 한다. 그래야 요점이 무엇인지 파악할 수가 있다. 이 부분에 대한 감을 키워야 한다.

만약 A가 "How do you like your new apartment?"라고 했을 때 요점은 상대방이 new apartment로 이사를 했다는 말이고 이에 관한 얘기로 흘러갈 것이라는 걸 파악할 수 있다. 따라서 첫 화자의 말에 귀 기울일 때 상대방의 대답을 유추할 수 있다. Part Ⅰ에서 언급했다시피 Idiom(관용어구) 숙지가 마지막 3, 4문제에 특히 도움이 될 수 있다. 또한, 남자가 한 말과 여자가 한 말을 서로 혼동하지 않도록 메모하는 습관을 길러 주어야 한다.

3) Part Ⅲ : Topic(Main Idea)부터 파악하자

Part Ⅲ는 학생들이 쉽게 느끼는 부분이다. 하지만 명심해야 할 부분은 반드시 대화를 들을 때 Topic(Main Idea)부터 파악해야 함을 알려 주어야 한다. 처음 7문제 정도가 Topic(Main Idea) 문제이기 때문이다. 또한, 나머지 3문제 정도는 Correct와 Infer 문제인데 이는 모두 Topic(Main Idea)을 기본으로 한 문제다. 여기서도 Part Ⅱ처럼 반드시 첫 화자(남자/여자)가 한 말을 반드시 들어야 한다. 그래야 다음 화자(남/여)가 하는 말을 이해할 수 있다. 예전에는 2번 들려준다는 장점이 있었지만 뉴텝스에서는 1회만 들려주기 때문에 집중해야 하고, 대화가 Part Ⅱ에 비해 길고 빠르다는 점을 알아야 한다. 또한, 선택지에 함정이 숨어 있다는 점도 알아야 한다. 정답이 되는 2개의 선택지에서 망설이는 경우가 많은데 이는 시제의 혼동, 화자 간 대화의 혼동에서 오는 경우가 많다. 그래서 메모하며 듣는 습관이 필요하다. 집중력이 필요하다. 이를 학생들에게 상기시켜 주어야 한다.

Part Ⅲ에서는 상황별 대화 표현에 익숙해지는 것이 유리하다. 다양한 상황 속에서 이루어지는 대화를 점검해 주어야 한다.

대화가 길어진 만큼 Dictation을 과제로 주고 반복 학습을 할 수 있도록 하도록 해야 한다. 필요에 따라서는 스크립트(Script)를 활용해야 한다.

4) Part Ⅳ & Part Ⅴ : 읽기(RC)를 귀로 듣자

Part Ⅳ, Part Ⅴ는 학생들이 가장 어렵게 생각하는 부분이다. 단순하게 말하면 읽기(RC)의 Part Ⅲ, Part Ⅳ를 녹음해서 들려주는 것이다. 그러므로 읽기(RC)의 Part Ⅲ, Part Ⅳ에서 설명한 방법과 같다. 글의 구조가 Topic(Main Idea), Supporting Detail, Conclusion으로 이루어져 있음을 알고, 청취 시에도 이것을 유념하여 듣도록 해야 한다. Topic(Main Idea)을 찾는 문제라면 지문의 앞부분 즉 Topic(Main Idea)과 Supporting Detail을 연관 지어서 답을 찾아야 한다. 단 Contrast가 있다면 Topic(Main Idea)이 바뀌었다는 것을 알아야 한다. 또한, Correct와 Infer 문제는 학술적인 문제는 Topic(Main Idea)을 기본 개념으로 풀어야 하고 실용문은 Supporting Detail을 주의 깊게 점검해야 한다. 만약 이해하지 못하면 읽기(RC)라고 생각하고, 눈으로 보면서 풀게 시킨 뒤에, 다시 들려주면서 구조와 답의 근거를 점검해 주어야 한다. 물론 때로는 해석도 필요하다.

전혀 들리지 않는 학생들에게는 스크립트(Script) 활용도 추천한다. 스크립트(Script) 활용에 대해서 반대하는 원장이나 직급자들이 있는데 이는 올바른 것이 아니다. 스크립트(Script) 활용을 나쁘게만 볼 것이 아니다. 들리지 않는 단어와 구는 살펴보고, 들어 보고, 반복하면서, 듣기 능력이 향상되는 것이다. 처음부터 모든 단어를 아는 사람은 없다. 듣고 쓰고 사용해 보면서 익숙해진 것이다. 이에 덧붙여 Dictation을 과제로 배부하여 완벽히 자신의 것으로 만들 수 있도록 해야 한다.

문법(Grammar)

1) Part Ⅰ : 기본 개념에 충실하자

Part Ⅰ은 일상적인 대화에서 사용하는 문제가 나오는데 대체로 2가지로 나누어진다. 문법의 활용과 어순 배열이다. 물론 어순의 배열도 문법적인 타당성이 있어야 한다. 일상생활의 대화를 소재로 하기에 평소 대화하면서 잘 틀릴 수 있는 문제로 구성한다.

문법의 활용 문제를 살펴보면

A : I really like her.

B : _____. She is so kind.

선택지는 Me neither, I do too, so do I, I don't neither 정도로 구성된다.

정답은 so do I 다. 선택지는 학생들이 아는 것들이다. 하지만 문법적으로 활용이 좀 다르다. 강사는 이런 점을 구체적으로 설명해 주어야 한다.

첫째, neither는 부정문에 사용하는 것인데 비해 too는 긍정문에 사용한다. 둘째, 동감하는 표현으로 so + 조동사 + 주어의 구문을 설명하면서 이는 I like her, too와 같은 의미이고 me, too로도 표현 가능하다는 것도 덧붙여야 한다. 셋째 이를 부정의 문장으로 변환한 예를 들어 주면서 동감할 때 사용하는 neither의 쓰임새도 함께 설명해 주어야 한다.

서로 비교하면서 학생들이 알 수 있도록 설명해 주어야 한다. 순서는 어떻게 되든 관계없다. 당신이 스타일로 학생들이 이해할 수 있도록 수업해야 한다.

또한 어순 배열의 예를 살펴보면

A : Excuse me, but you're _____ here.

B : Sorry, I didn't know that.

선택지는 not allowed to park, allowed not to park, allowed to not park, to allowed not park 정도로 구성되어 나온다. 어순 배열이지만 첫째, 기본적으로 be allowed to V의 개념이고 둘째, 이는 allow + 목 + to V의 개념에서 나온 것임을 원리적으로 설명해 주어야 한다. 셋째, 수동태의 부정일 경우 not의 위치는 be 동사 뒤인 점도 함께 설명해 준다.

어떤 방식이든 관계없다. 학생들이 이해하기 쉽게, 외우는 쪽보다는 근본원리를 설명해 주어야 한다. 그래야 유사 문제가 나왔을 때 이를 대비할 수 있다.

2) Part Ⅱ : Part Ⅰ보다 한 발 더 들어가자

Part Ⅱ도 Part Ⅰ처럼 문제의 종류는 크게 문법의 활용과 어순 배열이다. 물론 어순의 배열도 문법적인 타당성이 있어야 한다. 하지만 Part Ⅱ는 일상생활 속의 대화가 아닌 단문 속의 문법 활용을 묻는다. 이는 Part Ⅰ보다는 문제의 난이도가 높다. 다시 말해 문법의 수준이 더 높다. 그래서 어순 배열 문제이든 문법의 활용 문제든 관계없이, 문법의 정확한 쓰임새를 가르쳐 주어야 한다.

예를 들어 "_____ in canada, he speaks English very well."의 문제가 나왔다고 가정할 때 선택지는 having lived, living, as he living, having living 정도로 구성되어 나온다.

이는 분사구문의 문제로 학생들이 어려워하는 문법이다. 첫째, 분사구문의 기본 개념을 설명해 주고 둘째, 단순 시제에서의 분사구문을 만드는 방법으로 이해를 돕고 셋째, 주절과 부사절이 시제가 다를 경우의 분사구문을 만드는 방법을 설명해야 한다.

이 문제의 정답은 Having lived로 주절의 동사 speaks보다 한 시제 앞섰기 때문에 완료형분사구문의 형태를 취해야 한다.

텝스(TEPS) 수업을 듣는 학생들은 기본적으로 영어의 기초는 잘 되어 있지만, 문제민 놓고 보았을 때는 혼동하는 학생들이 많다. 기초는 되어 있으나 응용력이 부족한 탓이기 때문에 기본 원리도 함께 설명해 주어야 한다.

이런 강사의 노력에도 이해하지 못하는 학생들은 내신 문법과 연계해서 가르쳐 주어야 한다. 그러면 좀 더 쉽게 이해할 것이다. 필요시 다양한 문제를 통해서 접근해야 한다.

문법은 사실 하루아침에 되지 않기에 이 부분은 참 애매하다. 바로 성적향상이 나오지 않기 때문이다. 하지만 강사는 계속해서 질문을 던지면서 자주 출제되는 문제에 관해 설명해 주고 깨우치도록 해 주어야 한다. 문법(Grammar)은 비슷한 유형의 문제가 반복되므로 이를 정리하여 수업에서 활용하면 많은 도움이 된다.

3) Part Ⅲ : 바라보는 눈을 키우자

Part Ⅲ는 학생들이 가장 어려워하는 부분이다. 문제가 어려워서 그렇기도 하지만 Part Ⅰ과 Part Ⅱ를 푸는 데 시간을 다 허비해서, 이 부분에서 문제를 풀 시간이 없다고 하는 학생들이 많다. 이럴 때 이 부분을 먼저 풀게 하는 것도 좋은 방법이다. 하지만 이 부분은 충분한 시간을 주었음에도 문제가 워낙 어려워서 틀리는 학생들이 많다. 사실 어렵다기보다는 알지만, 눈에 보이지 않는 것이다. 답을 알고 나면 모두가 쉽다고 생각한다. 그래서 Part Ⅲ는 굵직한 문법에 초점을 두면서 문제를 보는 눈을 키워 줘야 한다.

예를 들어

A : Why didn't you go to America last summer?

B : I couldn't afford to do

C : That's too bad! What's your plan for this year?

D : I am thinking of going to Hawaii.

이런 대화를 주고받는 문제가 있다면 큰 맥락에서 보아야 한다. 대부정사 To를 기억해야 한다. 대부정사는 To까지만 표현한다. 그래서 B의 I couldn't afford to 로 고쳐야 한다. 첫째는 can afford to를 설명하고 두 번째로는 대부정사를 설명해야 한다.

일상생활에서 범할 수 있는 오류를 찾아내는 것이 목표다. 어렵지 않다. 하지만 우리가 흔히 사용하기 때문에, 당연한 것으로 받아들이기 때문에 오류가 보이지 않는 것일 뿐이다. 그래서 강사는 답을 먼저 제시해 주기보다는 지속해서 질문해야 한다. 어색하다고 생각되는 곳을 물어보고 교정해 주는 연습을 해야 한다. 조금씩 힌트를 주면서 답을 찾도록 유도해야 한다. 최후에 오류가 있는 부분의 이유를 설명해 주어야 한다.

이 방법을 반복하게 되면, 나중에는 학생들이 설령 틀린 부분을 확실하게 찾지는 못하더라도 어색한 선택지를 찾기 시작한다. 그러면서 감각도 향상되고 실력도 올라간다.

처음에는 동사나 관계사 등 넓고 큰 문법을 생각하면서 풀 수 있도록 연습시켜야 한다. 또한, 소거법을 적극적으로 활용하여 시간이 부족할 경우도 대비해야 한다. 유형별로 문법을 정리해 놓은 책을 활용하는 것도 좋은 방법이다.

어휘(Vocabulary)

1) Part Ⅰ: 다의어+2로 잡는다

Part Ⅰ의 경우는 첫째, 일상생활에서 사용하는 구어체 표현을 가르쳐 주어야 한다. 상황별로 달라질 수 있는 다의어를 설명해야 한다. 예를 들어 book이라는 단어는 '책'이라는 뜻이지만 상황에 따라서 '예약하다'라는 의미도 있다. 이럴 때는 단순히 이런 의미가 있다고 설명하기보다는 어휘를 확장시켜 주어야 한다. 유의어로 reserve나 make a reservation 등도 함께 설명해 주어야 한다. 또한, 반의도 함께 설명해 준다면 금상첨화다.

둘째 call it a day와 같은 Idiom(관용어구)도 설명해 주어야 한다. 이는 암기하고 있으면 바로 맞출 수 있고 모르면 틀리는 방법밖에 없다. 문구 자체로만 보아서는 유추하기가 쉽지 않다. 강사가 다양한 사항을 정리해서 가르쳐야 한다.

셋째, 어휘의 쓰임새를 설명해 주어야 한다. 어휘는 같은 의미가 있더라도 상황별로 그 쓰임이 다르다. '키가 작다'라는 표현에 small을 써야 하는지 short를 써야 하는지와 같은 이치다.

2) Part II : 집합적 정리로 시작하자

Part II는 의학, 철학, 역사 등 다양한 분야의 전문 어휘가 나오기 때문에 Part I 보다는 더 깊은 어휘력이 요구된다. 토플 수준의 단어가 나오는 때도 있어 고득점을 받기 위해서는 광범위한 어휘를 아는 것이 필수이다.

따라서 첫째, 강사는 reveal이라는 단어가 나오면 유의어로는 disclose, let out, make known, make public, uncover, unearth, unveil 등을 써 주고 반의어로는 keep secret, hide, conceal 등도 함께 정리해 주어야 한다. 강사의 능력이 되는 한 학생들이 정리해서 암기할 수 있도록 해야 한다.

어떤 강사는 어휘 문제를 학생들에게 풀게 하고 답만 점검해 주는 것으로 생각한다. 그리고 어휘는 학생이 스스로 공부하고, 암기하도록 권유하는 데 이런 방법은 추천하고 싶지 않다. 학생들은 단어를 집합적으로 정리하지 않고 낱개로 암기하고 있다. 이를 강사가 정리해 주어야 한다. 하지만 강사가 공부하고 가르쳐 주는 데에도 한계가 있다. 세상에 존재하는 모든 단어를 알기란 불가능하다.

둘째, 시험에 자주 출제되는 어휘 위주로 설명해야 한다. 기존의 출제되었던 어휘를 연구해서, 기출 어휘라는 것을 강조하고 반드시 기억할 수 있도록 해야 한다.

셋째, 서점의 빈출 어휘집을 활용하여 매일 수업 시작 전에 시험을 보는 것을 추천한다. 방대한 양의 어휘를 강사가 전부 다 설명해 주기는 불가능하다. 매일매일의 시험을 통해서 어휘력을 쌓아 가야 한다. 어휘는 단지 어휘 영역에서뿐 아니라 모든 영역에 적용되는 사항이기에 더욱 철저히 해야 한다.

3. 토플의 핵심은 도식화(schematization)다

읽기(Reading Comprehension)의 6가지 원칙

토플(TOEFL) 읽기(RC)는 학술적인 주제와 비학술적인 주제로 나뉜다. 우선은 다양한 어휘를 알아야 한다. 강사도 알아야 하지만 학생들도 알아야 문제를 풀 수 있다. 그래서 늘 어휘를 정리해 주고 점검해야 한다.

둘째, 토플(TOEFL) 읽기(RC)는 출제 범위도 넓고 지문도 길다. 그러므로 단락별로 주제와 요점을 파악해야 한다. 강사는 이 부분을 판서해서 학생들에게 정리해 주어야 한다.

셋째, 단락별로 포함되어 있는 문제를 풀어야 하는데 반드시 근거를 찾아서 밑줄 긋도록 해 주는 편이 좋다. 그래야 복습 때도 한눈에 살펴볼 수 있고, 이는 습관으로 이어져 실력향상으로 이어질 수 있다.

넷째, 단락별로 주제와 요점 등을 파악할 때마다 마인드맵(Mind Map)을 위한 도식화(schematization)를 해 줘야 한다. 그래야 학생들은 그 단락의 흐름을 잘 정리할 수가 있다.

다섯째, 지문의 해석은 적절한 선에서 해야 한다. 토플(TOEFL)은 지문의 길고 양이 많아서 한정된 수업 내에서는 전부를 해석하고 문법구조까지 파악해 줄 수가 없다. 필요시에만 특정 부분을 해 줄 수밖에 없다. 이는 여느 학원에서나 마찬가지다.

여섯째, 토플은 배경지식이 필요하다. 바로크 양식이라고 하면 그것이 무엇인지 자료를 찾아서 프린트로 설명해 준다면 더욱 좋다. 시간이 된다면 파워포인트를 활용하여 다양한 관련 사진을 보여 줄 수도 있고 동영상을 연결하고 함께 시청해도 좋다. 단지 문제를 풀기 위한 수업은 학생들의 흥미를 떨어트릴 수 있다. 단지 문제만 풀고 답을 찾는 건 입시 위주의 수업이다.

읽기(Reading Comprehension)의 도식화(schematization) 방법

위에서 얘기했듯이 읽기는 다음과 같이 판서를 해 주어야 한다. 이를 수업 시간 내에 모두 하기는 힘들다. 그래서 아래와 같은 형식으로 간략하게 적어 주면 학생들이 이해하기 수월할 것이다. 그리고 이를 프린트하여 사용할 수도 있다. 아니면 파워포인트로 작성하여 보여 줄 수도 있다. 어떤 방식이든 관계없다. 자신이 고유한 방식대로 하면 된다. 또한, 과제를 아래와 같은 방식으로 부여함으로써 학생들이 구조를 파악함과 동시에 답의 근거를 찾는 습관을 형성시켜 줄 수 있다.

판서의 방법은 첫째, 각각의 단락(Paragraph)마다 적합한 주제(Title, Main Idea 등)를 찾아서 적어야 한다. 둘째, 주제 아래 세부 사항(Supporting Detail)을 간략하게 적는 것이다. 셋째, 세부 사항이 원인(Cause)과 결과(Effect)의 구조라면 아래처럼 Cause-Effect 도표를 활용해서 한눈에 볼 수 있도록 해야 한다. 또한 이론(Theory)과 증거(Evidence)라면 아래처럼 Theory-Evidence 도표를 활용해야 한다. 그 외 비교(Comparison) 또는 대조(Contrast)의 구조라면 Compare-Similar나 Contrast-Different의 도표도 활용할 수 있다. 구조에 맞는 다양한 도표를 활용할 수 있다.

The Decline of Venetian Shipping

1st paragraph- **Best Title : Brief background to Europe economy**

- late 13th century-Northern Italian cities-economic resurgence
  - → most important economic centers in Europe
- 17th century-European power stook over
  - → Italian cities lost economic might

2nd paragraph- **Best Title : Why Venice declined listing**

- Venice's intermediary functions lost to direct trading
  - →15th century-no problem recruiting sailors
  - → 6th century-shortage of rowers
  - → shortage of crews - bigger problem
  - → 1550-1590 - wages doubled, but supply X increase

5th paragraph- **Best Title : Why Venetians lost trade dominance**

Cause	Effect

- Portuguese direct sea route to east
- Vasco de Gama's voyage around southern
  Africa to India (end of 15th century)
- 1502 - trans-arabian caravan route cut
  off b/c of political unrest
	- Loss of Venetian dominance in trade

6th paragraph- **Best Title : Why Venetians lost trade dominance**
description

- Bought round ships, reducing costs by 1/3
  - → price of spices equaled those of Portuguese
- Venice role as storage center decayed
- Early 17thcentury -lost monopoly of markets in France/Germany

7th paragraph- **Best Title** - Why productivity of Italian shipping declined

Theory	Evidence
- conservatism - loss of expertise - Italian sailors deserting/emigrating - captains weak on navigation	- productivity of Italian shipping declined

듣기(Listening Comprehension)는 읽기(RC) + 핵심어(Keyword)를 중심으로

토플(TOEFL) 듣기(LC)는 대화(Conversation)와 강의(Lecture)로 구성되어 있다.

Conversation은 상호 주고받는 대화의 요점을 A와 B로 나누어서 적어 주어야 한다. 이곳에 문제의 답이 숨어 있다. 일단은 들으면서 적어 주고 문제의 근거가 되는 부분은 색깔 펜으로 표시해 주면 된다. 다양한 사람들이 등장할 수도 있어서 화자가 서로 섞이지 않도록 해야 한다.

Lecture는 Conversation보다 더 복잡하다. 어휘도 어렵고 속도가 빠르기에 주제(Title, Main Idea)와 세부 사항(Supporting Detail)을 파악하기 힘들다. 따라서 첫째, 단락(Paragraph)별로 주제(Title, Main Idea)와 세부 사항(Supporting Detail)을 적어 주어야 한다. 이는 읽기(RC)와 같은 방식이다.

읽기(RC)는 눈으로 보기 때문에 청취할 때보다는 여유롭게 정리할 수 있다. 반면에 듣기(LC)는 귀로 듣는 것이기 때문에 순간 빠르게 지나간다. 강사가 들으면서 모든 것을 적는 건 불가능하다. 그래서 듣기(LC)는 정말로 핵심적인 사항만을 동시에 적고 나머지는 읽기(RC)처럼 강사가 직접 작성하고 프린트하여, 이해를 돕거나, 파워포인트로 보여 주거나 해야 한다. 또한, 과제를 읽기(RC)처럼 부여하고 다음 시간에 강사의 프린트 자료를 주고 학생들이 참고하는 방법으로 활용할 수도 있다. 활용 방법은 강사의 판단이다.

둘째, 듣기(LC)는 순간적으로 지나가기 때문에 학생들이 이해하지 못하는 경우도 많다. 낯선 어휘도 많고 구조도 복잡하고 지문도 길기 때문이다. 이럴 때는 스크립트(Script)를 활용하는 것도 좋은 방법이 될 수 있다. 읽기(RC)처럼 눈으로 보면서 주제(Title, Main Idea)와 세부 사항(Supporting Detail)을 파악하여 답의 근거를 찾아 주고, 이를 다시 들려주면서 이해할 수 있도록 해야 한다.

참고로 말하지만, 해설집에 있는 스크립트(Script)를 사용하는 것에 대해 부정적으로 보는 시각이 있는데 나는 그렇게 생각하지 않는다. 자신이 모르는 단어는 눈으로 보고 익혀야 들리는 것이다. 무엇이든 생각하기 나름이고 활용하기 나름이다. 남용하지만 않는다면 오히려 실력이 향상될 수 있다. 당신도 공부할 때 스크립트(Script)를 활용했을 것이다. 자신이 공부했고 검증된 좋은 방법을 학생들에게 가르쳐 주는 것이다. 자신이 경험도 하지 않은 방법을 가르쳐 주는 게 더 이상한 것이다.

당신은 학생의 성적을 향상해 주기 위한 코치이기도 하다. 보수적인 생각을 버려라. 당신이 공부한 방법을 가르쳐 주고 더 나은 방법을 깨닫도록 해 주는 것도 강사의 몫이다. 교수법에는 정답이 없다. 다양한 방법을 시도하자.

듣기(Listening Comprehension)의 도식화(schematization) 방법

듣기(LC)는 앞서 대화(Conversation)와 강의(Lecture)로 구성된다고 했다. Conversation은 학생들이 크게 어렵게 생각하지 않는다. 그래서 여기서는 Lecture를 선보인다. 방법은 읽기(RC)와 동일하다. 하지만 앞서 얘기했듯이 강사가 직접 학생들과 들으면서 적어야 하기에 핵심 사항만을 적도록 한다. 문장 전체를 적을 수가 없으므로 주제(Title, Main Idea)와 세부 사항(Supporting Detail) 모두 간단하게 핵심 단어 위주로 적는다. 대신에 강사는 문장 전체의 흐름을 말해 주면서, 동시에 적거나 잠시 멈추고(5~10초 정도) 적어야 한다. 느려지면 긴장감이 떨어지고 제한된 시간 내에 마무리할 수 없으므로 바로 다음을 들려주고 반복해야 한다.

여기도 읽기(RC)와 마찬가지로 세부 사항이 원인(Cause)과 결과(Effect)의 구조라면 Cause-Effect 도표를, 이론(Theory)과 증거(Evidence)라면 Theory-Evidence 도표를 활용해야 한다. 그 외 비교(Comparison) 또는 대조(Contrast)의 구조라면 Compare-Similar나 Contrast-Different의 도표도 활용할 수 있다. 구조에 맞는 다양한 도표를 활용할 수 있다.

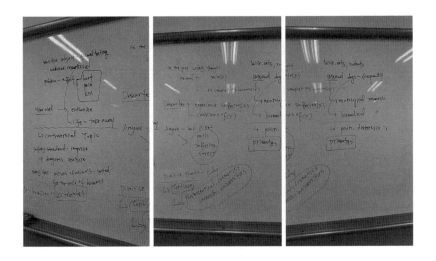

쓰기(Writing)는 3요소로 구조를 만들자

읽기(RC)에서 우리가 배운 점을 다시 상기시켜 보자.

읽기(RC)는 첫째, 각각의 단락(Paragraph)마다 적합한 주제(Title, Main Idea)를 찾아서 적어야 한다. 둘째, 주제 아래 세부 사항(Supporting Detail)을 간략하게 적는 것이다.

셋째, 세부 사항이 원인(Cause)과 결과(Effect)의 구조라면 아래처럼 Cause-Effect 도표를 활용해서 한눈에 볼 수 있도록 해야 한다. 또한 이론(Theory)과 증거(Evidence)라면 아래처럼 Theory-Evidence 도표를 활용해야 한다. 그 외 비교(Comparison) 또는 대조(Contrast)의 구조라면 Compare-Similar나 Contrast-Different의 도표도 활용할 수 있다. 구조에 맞는 다양한 도표를 활용할 수 있다.

쓰기는 쉽게 말하면 위에서 말한 읽기(RC)와 같은 형식으로 자기의 생각을 적는 것이다. 그래서 쓰기(Writing)를 가르치기 위해서는 Topic과 Main Idea, Supporting Idea의 요건을 먼저 설명해 주어야 한다.

우선 Topic은 학생들이 자유롭게 선정하도록 하거나 강사가 특정한 Topic을 정해 줄 수도 있다. 단, Topic을 가지고 쓰기(Writing)를 할 때 다음과 같은 점을 알려 주어야 한다.

첫째, 글 전체에 반복적으로 언급되어야 하고 둘째, 글의 도입부에 등장해야 하고 셋째, 주제(Main Idea)에 포함되어야 한다. 넷째, 글 전체를 포괄하는 것이다. 다섯째 Topic은 짧아야 한다. 이상 5가지 조건을 글에 활용해야 한다.

그다음은 주제문(Main Idea)인데 주제문은 Topic을 포함하고 있어야 하고 세부 사항(Supporting Detail)을 요약해 주어야 한다. 세부 사항은 특히 Major Detail을 사용해야 한다. Major Detail 속에는 읽기(RC)에서 언급했던 것처럼 원인(Cause)과 결과(Effect)의 구조, 이론(Theory)과 증거(Evidence), 비교(Comparison) 또는 대조(Contrast)의 구조가 있을 수 있다. 그 외 시간 순서(Time Order)나 분류(Classification) 등 다양한 구조를 사용할 수 있다.

이러한 지식을 바탕으로 학생들에게 Topic → Main Idea → Supporting Detail (Major Detail) 순으로 작성하도록 한다. 강사는 이런 원칙에 따라 평가하고 피드백을 주어야 한다.

읽기(RC)에서 배운 도식화의 과정이 익숙해져 있는 학생이라면 글의 구조를 잘 세울 수 있다. 다만 문법적인 지식이 부족해서 문장의 구성이 빈약할 수가 있다. 이럴 때는 문법 시간을 활용하여 보강할 수 있도록 하자. 만약에 처음부터 이런 구조에 익숙하지 않다면 한글로 먼저 구조에 근거하여 작성하게 한 후에, 평가해 주고 이를 영어로 옮길 수 있도록 해야 한다.

4. 문법, 암기가 아닌 이해로 풀어 나가자

암기와 이해를 구분하라

방학 중 3주 동안 문법 특강을 하는데, 일주일에 3시간씩 4일을 수업한다고 가정하자. 주 5일 중에서 4일을 배우는 것이다. 레벨별로 목차가 다르기는 하지만 1상의 시세부터 배우기 시작해서 하루에 한 단원씩 배우면 12장으로 보통 한 권의 문법책을 다 배울 수 있다. 그런데 수업이 중반쯤에 왔을 때 이상한 현상이 일어난다. 학생들은 진도를 나갈 때마다 1장부터 배운 내용을 차례로 잊어버리기 시작한다.

그래서 강사는 현재 배우고 있는 부분이 앞부분과 연관성이 있기에 배운 부분을 간단히 복습한다. 하지만 학생들은 언제 배웠냐는 듯 멍하니 있다. 강사의 입장에서는 문법이 어려워서라고 생각하지만, 학생들은 매번 반복한다. 특강이 끝나고 나면, 한 달 동안 배운 내용을 거의 다 잊어버리거나 배운 문법을 서로 혼동하거나 섞어서 알고 있다.

그래서 내신 수업 때 다시 배워야 한다. 왜 이런 현상이 일어나는 걸까. 나는 학생들이 문법을 단어처럼 암기과목으로 생각하는 데 원인이 있다고 생각한다. 그래서 나는 수업할 때마다 문법을 이해하는 영역이라고 얘기한다. 물론, 외우지 않아야 하는 건 없다. 이 세상에 존재하는 학문 중에서 외우지 않는 학문은 없다. 암기의 바탕 위에서 이해가 되어야 하는 것이다. 그런데 학생들은 단어 암기하듯 문법도 무조건 외우려고 한다. 그래서 다 잊어버리는 것이다. 그래서 문법은 용법별로 연관 지어서 암기해야 할 부분과 이해해야 할 부분을 논리적으로 설명해 주어야 한다. 용법도 암기해야 하지만 어떤 원리로 쓰였는지를 이해할 수 있게 설명해 주어야 한다.

정의, 이해 그리고 연결하라

어떤 용법을 설명할 때 처음에 정의부터 설명해 주어야 한다. 그리고 다음에 문장 속에서 어떤 역할을 하는지를 논리적으로 이해시켜 주어야 한다. 그런 다음에 문제를 풀고 어떤 문제가 나오는지 알려 주어야 한다. 그러면서 암기한 부분과 이해한 부분을 완전히 머릿속에서 소화하도록 해야 한다.

예를 들어 동명사를 설명해 보자. 우선 정의부터 설명해 주는 것이다. 동명사는 동사의 의미가 있으면서, 문장에서 명사의 역할을 하는 것으로, 형태는 동사원형에 ing를 붙인다. 명사는 문장에서 대표적으로 주어, 목적어, 보어, 전치사의 목적어 역할을 한다고 설명하고 각 역할에 예문을 들어 준다. 그리고 주어 자리에 동명사를 넣어서 문장을 구성하고 동사의 의미에 주어 역할을 한다고 설명해 주는 것이다.

'Riding a bike is my hobby.'라는 문장이 있다. ride는 타다의 뜻으로 동사의 의미가 있고 명사의 역할(주어 역할)을 하므로 주어의 접미사 -은이 붙어서 '자전거를 타는 것은'으로 해석을 하는 것이다. 이런 방식으로 설명하면 쉽게 이해한다. 이것을 다음 배울 to부정사의 명사적 용법을 설명할 때 동명사와 연관 지어서 형태가 다를 뿐 용법은 같다고 설명하는 것이다. 서로 비교하면서 설명하는 것이다.

암기도 중요하지만, 논리적으로 이해시켜 주어야 한다. 질문을 통해 확인할 수도 있고 문장을 함께 만들어 볼 수도 있고 과제를 내줄 수도 있다. 이것을 실생활에 활용할 수 있도록 Speaking 시간을 가질 수도 있고 Writing으로 연계하여 발전시킬 수도 있다.

영어권 국가에서 태어나고 자라지 않은 한국인은 근본적으로 문법을 통해서 문장구성 능력을 키워야 한다. 수시로 어떻게 하면 쉽게 학생들이 이해할 수 있는지를 생각해야 한다. 도전해야 한다. 시행착오를 겪는 만큼 발전할 수 있다. 자신만의 방법을 깨달아야 한다.

5. 내신대비, 알고 보면 어렵지 않은 비법이 있다

문법을 잡아야 1등급이다

입시제도의 변화로 중학교와 고등학교에서 내신이 중요해지고 있다. 특히나 중학교는 자신이 원하는 고등학교로 가기 위해서는 내신 1등급을 받아야 한다. 이 때문에 눈에 불을 켜고 공부하는 아이들도 있다. 내신의 출제 방향은 지역별로 차이가 있다. 교과서 위주로 출제를 하는 곳도 있지만, 교과서 이외에 부교재와 프린트에서 응용하여 출제하는 경우도 있다. 어떤 지역은 문제가 너무 어려워서 평균 점수가 60점이 되는 곳도 있고 어떤 곳은 무난한 스타일로 기본에 충실하면 97점 정도로 1등급이 나오는 곳도 있다.

나는 다양한 지역에서 다양한 학교의 내신 대비를 경험했다. 그동안의 경험으로 볼 때 학생들이 내신 1등급이 나오지 않는 이유는 대부분 문법 영역 때문이다. 서술형 문제가 문법과 연관성이 있는데 기초가 없다 보니 객관식에 비해 서술형에서 점수를 잃는다. 그래서 내신 대비는 거의 문법에 초점을 맞추기도 한다.

예상 문제집의 장점을 활용하라

내신 대비는 주로 시중에 잘 구성된 문제집이 있다. 내신시험 1달 전부터 출판이 된다. 학원에서 잘 쓰는 교재로는 몇 가지 책이 정해져 있다. 이런 내신 대비 교재는 어휘부터 시작해서 본문 설명, 문법 설명 그리고 다양한 문제가 있다. 이것을 잘 활용해야 한다.

어휘는 중요한 것을 체크해 주고 시험에 자주 출제될 수 있는 단어를 점검해 준다. 유의어 반의어 그리고 영영 풀이 순으로 해 준다. 또한, 생활영어에 비슷한 표현도 함께 알려 주고 어떻게 사용하는지를 설명해 주고, 함께 사용해 봄으로써 익힐 수 있도록 해 준다. 대부분 '대화가 어색한 것 찾기'가 시험에서 나오기 때문에 의미를 이해하는 것과 유사한 표현 설명이 중요하다.

문법은 단원에서 중요하게 생각하는 부분을 집중적으로 설명해 준다. 시험에 나올 만한 것을 집중적으로 핵심을 설명해 주어야 한다.

본문은 어학원을 다니고 있는 학생들은 대부분 어렵게 느끼지 않는다. 더욱이 학교에서 한 번 배웠고, 교재에도 해석과 설명이 있어, 더욱 수월하게 생각한다.

시험에 나올 법한 어구에 밑줄이나 괄호를 활용해야 한다. 서술형으로 나올 만

한 어구, 객관식으로 나올 만한 부분 그리고 중요한 문법이 속해 있는 부분을 밑줄이나 괄호로 표시하고 설명해 주어야 한다. 그리고 문제를 통해서 점검해 보고 틀린 부분은 설명해 주어야 한다.

그 외에 다양한 문제가 있는 인터넷 내신 대비 사이트를 활용하여 문제를 출력하여 풀어 주면 더 좋다. 대형어학원은 자체 문제를 가지고 있기도 하다. 그 외 다양한 문제집에서 관련 문법을 프린트해서 풀어 주어도 된다.

암기가 해결 방법은 아니다

입시학원은 본문을 억지로 외우게 한다. 단어 하나 틀리지 않도록 테스트를 통해서 외우게 하는데 이렇게까지 할 필요는 없다고 본다. 중요한 부분을 점검해 주면 된다고 생각한다. 학교 선생님이 중요하다고 생각하는 부분과 강사가 중요하다고 생각하는 부분은 비슷하다. 그래서 그 부분에서 문제를 내려고 하므로 굳이 본문을 통째로 외울 필요는 없다.

강압적으로 외우는 어학원에서도 일해 보았는데 효과는 미비했다. 오히려 외우지 않는 나의 방식대로 가르친 학생들의 점수가 훨씬 높았다. 기초가 너무 없는 학생의 경우, 외우면 도움이 될 수는 있으나 대체로 어학원을 다니는 학생들의 수준은 외우지 않아도 충분했다. 오히려 암기를 한 학생의 점수가 더 낮은 것도 경험했다.

횟수가 중요한 건 아니다

내신 수업은 횟수가 중요하지 않다. 입시학원은 1달 내내 주 7일을 내신 대비하는 경우도 있다. 정말로 비효율적이다. 물론 성적이 잘 나오는 학생은 있다. 하지만 나는 3번이나 4번이 적당하다고 본다. (1회 수업 시간이 3시간에서 4시간) 보통 3개 과가 시험 범위인데 3, 4번 수업으로 충분하다고 본다. 한정된 분량에 너무 많은 시간을 보내면 오히려 역효과가 날 가능성이 크다. 양보다는 질적인 수업을 해야 한다. 대신에 수업 시간에는 최선을 다해서 설명해 주고 이해시켜 주어야 한다. 충분한 양의 문제도 풀이 주고 확인하고 과제도 주어서 점검받을 수 있도록 해야 한다.

영어는 하루아침에 공부한다고 되는 것이 아니라는 걸 당신도 알고 있다. 1달 내내 암기만 시키는 것보다는 그 시간에 체계적으로 문법의 기초를 가르치는 게 더 나을 수 있다. 1달은 많은 시간이다. 고작 3개 과로 시간을 헛되이 낭비하지 말자. 수행평가와 듣기평가 그리고 1년에 보는 중간고사(2번)와 기말고사(2번)를 합해서 총 4번을 모두 합해야 한다. 그런데 한 학년만을 내신에 산정하지 않는다. 이렇게 계산해 보면 한 번의 시험에 들어가는 퍼센트는 적다. 또한, 영어 한 과목만 내신에 들어가는 것이 아니다. 이를 학생들에게 상기시켜서 전략적으로 공부할 수 있도록 해야 한다. 한 번의 시험으로 낙담하지 않도록 격려하자.

외부 출제 문제를 대비하라

학교 교과서에 국한해서 문제를 내는 학교도 있지만, 변별력을 높이고자 수업 때 나누어 주는 프린트를 응용하거나 별도의 외부 교재를 선정하여 그것을 응용하여 출제하는 학교도 있다. 이럴 때는 강사가 학교 프린트나 외부 교재를 복사하고 분석해서 별도의 대비 시간을 가져야 한다. 또한, 그 학교의 기출문제를 통해서 문제 유형을 예측해 보는 것도 도움이 될 수 있다. 내신은 민감할 수도 있다. 그렇지만 강사에게 모든 것을 의존하는 건 바람직하다고 생각하지 않는다. 강사가 최선을 다했다면 학생도 최선을 다해서 공부해야 한다.

강사와 학생 모두 노력해야 한다

성적이 좋지 않다고 해서 학부모가 강사를 탓할 것만은 아니라고 생각한다. 평소에 기초가 정말로 안 되어 있는 학생이 쉽게 출제한 중간고사에서 80점을 받는 경우가 있다. 학교는 보통 중간고사의 평균이 너무 높으면 기말은 어렵게 출제하

124

는 경향이 있다. 중간고사를 잘 보았는데 왜 기말고사는 점수가 안 좋으냐며 강사를 탓하고 학원을 바꾸려는 학부모가 있다. 학생 본인이 공부하지 않은 것을 생각하지 않는다. 어쩌다 한번 잘 본 점수로 영어를 잘한다고 착각한다. 그래서 강사와 학생, 모두가 최선을 다해야 좋은 점수를 기대할 수 있다.

　당신이 가르친 학생이 점수가 안 나왔다고 실망하지 마라. 당신이 가르친 학생, 모두가 1등급을 받을 수는 없다. 인원은 한정되어 있기 때문이다. 가슴에 손을 얹고 최선을 다했다면 어쩔 수가 없다. 받아들여야 한다. 실망하지 마라. 나도 최고의 레벨이 아이들에게 내신 대비를 했지만, 모두가 100점이 나오는 것은 아니었다. 실수하는 아이들도 있다. 그 실수는 강사가 강조했음에도 틀렸다면 어쩔 수 없다. 대신 시험을 볼 수도 없고 매일 따라다니면서 상기시킬 수도 없다. 함께 노력할 때 좋은 결과가 나오는 것이다.

제5장

1등 수업에는
전략이 숨어 있다

1. 적당한 거리감이 관계를 지속시킨다

사람과의 관계에 있어서 흔히들 "적당히 친해지면서, 적당히 거리를 유지해라"라는 말을 한다. 사실, 이 말은 가까워질수록 서로에게 간섭하게 되고 극히 개인적인 일까지도 관여하기 때문에 생긴 말이라고 생각한다.

또 '선을 넘는다는 말'이 있다. 누구나가 자신의 고유한 영역은 지키고 싶고 침해받으려 하지 않는다. 부부간에도 지켜야 하는 선이 있다고 하지 않는가. 이를 지키지 않을 때 서로 감정이 상하게 되고 오히려 멀어진다.

난로를 생각해 보자. 난로는 따뜻해서 가까이 가면 너무 뜨거워서 데일 수가 있고 너무 멀리 떨어져 있으면 춥다. 적당한 거리에 있어야 따뜻한 온기를 느낄 수가 있다.

이는 학생을 가르칠 때도 마찬가지다. 수업함에 있어 스승과 제자 사이이지만 감정에 서툰 청소년들이기 때문에 적당한 거리감이 무엇보다 중요하다. 장난치기 좋아하고 호기심이 많은 나이이고 무엇보다도 개방적이고 유연한 사고방식이기 때문에 친해지기도 쉽다. 그래서 더더욱 거리를 유지해야 한다. 수업을 하루 이틀 하다 보면 자연스럽게 친해지기 마련이다. 처음부터 친해지려고 노력할 필요가 없다.

적당한 거리를 두면서 수업에 관련된 사안에 대해서, 진지함을 보이게 되면 서로 가까워진다. 자칫 처음부터 친해지려고 하면 시작은 좋지만, 시간이 흐를수록 학생들을 관리하기 힘들어지고, 통제 불가능한 상태로 이어질 수가 있다. 강사는 수업하러 가서 "조용히 해"라는 말만 몇십 번을 되풀이하다 보면, 수업하는 건지 노는 건지도 모르는 목적 없는 시간을 보내게 된다.

이것도 모자라서 학생들이 넘지 말아야 할 선을 넘는 일도 있다. 학생이 수업의 흐름을 좌지우지하고 강사의 흠을 잡기도 하며 수업에 대한 불만을 털어놓기도 한다. 왜 이렇게 하느냐, 저렇게 하느냐 하는 식으로 강사의 고유 영역을 침범해 버린다. 이에 자존심이 상한 강사는 화를 내고 학생은 상처받게 된다. 그 수업은 정말로 함께 갈 수 없는 배가 된다.

처음에는 친해져서 좋았지만, 결말은 서로에게 상처를 주게 된다. 학생은 학원을 그만두겠다고 하고 어머님은 전화로 학생의 탓을 하기보다는 학원과 강사의 잘못으로 돌린다. 학원은 한 명의 학생이라도 놓칠 수 없다는 생각에 죄송하다는 말을 반복하고 담당 강사를 불러 혼낸다. 결국, 그 피해는 강사가 다 짊어지고 가야 한다. 강사는 기분이 나쁘지만, 직장에서 일하는 직원의 처지에서는 받아들일 수밖에 없다. 학생의 인성이 좋지 않다고 해도 강사는 이를 안고 잘 이끌고 가야 한다. 적당한 거리감을 유지하는 건 학생과 강사 그리고 학원의 입장에서 중요하다.

2. 가르침의 기본은 사랑이다

사랑이라고 하면 흔히들 남녀 간의 사랑을 생각한다. 하지만 사람 사는 사회에서 사랑이 존재하지 않는 곳은 없다고 생각한다. 꼭 남녀 간의 애틋한 사랑을 말하는 것이 아니다. 회사에서 직원들 간에도 보이지 않지만, 서로를 생각하는 마음이 있을 것이고 친한 친구 사이에서도 우정 속에 숨겨진 사랑이 있을 것이다. 우리가 사랑이라는 단어를 생각하지 않고 인간관계를 맺고 있어서 느끼지 못할 뿐이지, 모든 사람의 관계에는 사랑이 내포되어 있다고 생각한다. 설령 누군가를 미워하는 마음속에도 그 시작은 사랑이 있었음을 우리는 알아야 한다.

그래서 학생을 가르칠 때는 마음으로 가르쳐야 한다. 사랑하는 마음이 필요하다. 지식을 전달하는 데 있어 성적이 향상되기를 바라는 마음에 앞서 그 학생을 인간적으로 사랑해야 한다. 스승으로서 제자에게 가져야 하는 당연한 마음이다. 사람이 사람을 가르치는데 그런 마음이 없다면 오래갈 수 없다.

당신도 누군가에 어떤 과목을 배워 본 적이 있을 것이다. 정말로 나를 인간적으로 사랑하는 마음으로 가르치는지 아니면 영혼 없는 가르침을 하고 있는지 느꼈을 것이다. 이 사람은 마음을 다해 가르치기보다는 "단지 돈을 벌기 위해서 대충 가르치는구나"라고 생각해 본 경험도 있을 것이다. 이는 초등학생들도 다 느끼고 깨달을 수 있다. 영어는 언어이다. 의사소통의 도구이다. 의사소통은 사람과 사람의 마음을 연결해 주는 도구이나. 사랑하는 마음으로 가르쳐야 한다.

A는 중학교 2학년이다. 이 학생은 성실하고 내성적이다. 수업 때 늘 과제 검사를 하면서 잘한 점을 칭찬해 주고 부족한 점에 대해서는 사랑하는 마음으로 지적해 주었다. 학생은 말은 안 하지만 나의 따뜻한 마음을 느꼈던 거 같다. 수업 내내 집중도 잘하고 나에게 시선을 맞추기도 했다. 다음 학기에 담임이 바뀌게 되었다. 그런데 그 담임선생님은 교포였는데 학원에서 괴짜로 유명했다. 툭하면 호통을 치고 과제를 안 해 오면 어떤 점이 부족한지도 설명해 주지도 않고 무조건 부모님에게 알리겠다고 했다. 학생의 사정은 들으려고 하지도 않았다. 그 학생은 결국 그만두겠다고 했다. 공부에 흥미가 없다는 핑계였다. 차마 마음이 약해서 강사의 스타일이 맞지 않는 말을 하지 못했다. 교수부장은 상담하면서 눈치를 챘는지 반을 바꾸는 건 어떠냐고 제안했고 담임이 나라는 걸 알고 다시 학원에 나왔다. 후에 어머님은 학원에 오셔서 감사하다고 말씀하셨다. 학원을 안 다니겠다고 하고 공부도 하기 싫다고 했는데 그 고비를 잘 넘겼다고 하셨다.

학생들은 아직 어리다. 청소년 시기에는 더더욱 감수성이 예민하다. 작은 것에 상처받을 수도 있고 가르치는 선생님에 따라서 그 과목이 좋아지기도 하고 싫어지기도 한다.

사랑으로 가르쳐야 한다. 학생들은 그것을 마음으로 느끼고 기뻐하며 공부할 것이다. 단지 돈을 벌 목적으로 가르쳐서는 그 학생들이 나중에 커서 생각할 때 성의 없는 강사로 기억할 것이다. 나도 학창 시절의 강사들을 기억하는 이미지가 있다. 당신도 있을 것이다. 당신은 사랑을 주는 강사로 기억되길 바란다.

3. 유머는 교감의 첫발이다

'칭찬은 고래도 춤추게 한다.'라는 말이 있다. 하지만 나는 '유머는 학생을 춤추게 한다.'로 바꾸고 싶다. 강사는 수업할 때 때로는 개그맨이 되어야 한다. 그렇다고 특별히 TV에 나오는 유명 개그맨이나 코미디언처럼 대본을 만들 필요는 없다. 대본을 만들다가 주객전도(主客顚倒)가 될 수 있다. 수업하면서 분위기 전환이 필요할 때가 있다. 반마다 학생들의 성격이 다르고 수업의 목적이 다르고 분위기가 다르므로 강사는 이런 분위기를 잘 이끌고 가기 위해서 유머가 필요하다. 너무 딱딱한 분위기는 오히려 교감을 느끼는 수업이 될 수 없다. 적절한 교감이 이루어질 때 학생도 집중할 수 있고 가르치는 강사도 힘이 날 수 있다. 그렇다고 누가 보아도 뻔한 썰렁한 얘기는 안 된다. 오히려 반감을 일으킬 수가 있다. 싸우나에 가면 싸우나?, 바나나를 먹으면 나한테 바나나? 이런 걸 극히 자제하시길 당부한다. 요즘 아이들도 은근히 TV 개그를 많이 보아서 수준이 높다. 그렇다고 부담을 가질 필요는 없다. 유머의 주제는 꼭 웃겨야 한다는 걸 벗어나야 한다. 왜냐하면, 내가 재미있다고 생각했던 것이 학생들은 별거 아니라고 생각할 수도 있기 때문이다.

편하게 수업하다가 자신의 이야기를 들려주는 것도 좋다. 수업과 연관 지어서 의도적이 아닌 자연스럽게 나온 것처럼 보여야 한다. 실제로 자신의 머릿속에서 떠오르는 경우가 많다. 의도성이 없어 보일 때 아이들은 더 집중한다. 자신의 과거에 경험했던 황당한 얘기도 좋고 한국의 입시정책을 희화화해도 좋다. 희귀 동물 얘기도 좋다. 이야기 속에 동물 소리가 나온다면 비슷하게 하는 것도 좋다. 무엇이든 좋다. 목적은 수업의 질 향상이다. 웃기는 데 목적이 있지 않다. 분위기 전환을 유도하여 효율적인 방향으로 가기 위함이다.

때론 자신의 개그 신봉자가 생기기도 한다. 수업 때마다 요구하는 애들도 생길 수가 있다. 감사한 일이다. 또 그 아이들은 이 개그를 학교에 가서 했다고 자랑하는 애들도 있다. 더 나아가 유행어가 생길 수도 있다. 한때 내가 읽기(Reading) 수업할 때 해석시키는 경우가 있다. 그 반은 인원이 많지 않아서, 아이들의 실력을 더욱 향상해 주고 싶은 마음에, 한 명 한 명 해석시켰다. 구체적으로 안 되는 부분을 점검해 주고 고쳐 주고, 공부 방법을 개별적으로 가르쳐 주고 싶었다. 물론 대부분이 아이들이 문법이 부족해서 구문에 따른 해석에서 부족함이 많았다. 그런데 학생들이 해석을 잘못했을 때, 나는 "아니지~, 그게 아니지~"라고 했었는데 이게 유행어처럼 번져서 쉬는 시간만 되면 그 말을 하고 다녔다. 특히 내가 보는 앞에서는 그 말을 더 많이 하고 다녔다.

4. 첫 수업은 진지해야 한다

나는 개인적으로 수업은 진지해야 한다는 것을 강조하고 싶다. 내가 강사 생활 하면서 느낀 점은 내가 진지해질 때 학생들도 진지해지고, 수업을 가치 있게 받아 들인다는 것이다.

일단 수업은 진지해야 한다. 웃기 위해서, 놀기 위해서 학원에 오는 학생도 없 고, 이를 위해서 보내는 부모도 없다. 비싼 학원비를 내면서 논다고 생각하면, 학 부모들이 화를 낼 것은 당연하다.

어떤 수업이 되었든 진지해야 한다. 문법 하나를 설명할 때도 진지한 표정과 몸 짓으로 임할 때 학생들은 강사를 진지한 스타일로 인식한다. 행여나 놀려고 생각 했던 아이들도 수업 때만큼은 진지 모드로 돌입한다. 평소 장난이 심했던 학생들 도 무거워진 분위기 속에서 혼자 튀기에 부담을 느낀다. 그래서 감히 떠들거나 장 난치려 하지 않는다.

첫 수업은 무조건 진지해야 한다. 첫 수업의 분위기를 잘 이끌고 갈 때 학생들 은 무언가를 배웠고 앞으로도 배울 것이 있다고 믿는다. 집에 가서도 부모님께 특 별히 나쁜 점을 말하지 않는다. 자칫 첫 수업부터 가볍게 보이거나 웃기려고 하는 등 수업 외적인 부분에 치중한다면 학생들의 반응은 싸늘할 것이다. 강사가 진지 하게 수업했음에도 불만이 나온다면 그건 학생의 문제라고 볼 수 있기 때문이다. 원장에게도 강사로서 할 말이 있기에 걱정할 필요가 없다. 그렇지만 진지 모드로 수업한다며 이런 경우는 거의 없다. 진정성 있는 수업에 감동할 학생들이 더 많 다. 수업이 진행될수록 진지함은 감동을 두 배로 낳는다.

5. 양이 아닌 질적 수업을 추구하라

학생들의 집중력이 얼마나 된다고 생각하는가? 학원에 와서 배우는 모든 수업을 이해할 수 있다고 보는가? 영어는 보통 4대 영역을 가지고 있다. 읽기(Reading), 듣기(Listening), 말하기(Speaking), 쓰기(Writing). 여기에 기본적인 문법(Grammar)을 추가하면 5대 영역이 된다. 학생들은 영어 외에도 수학, 국어, 논술 등 다양한 학원에 다닌다. 수업 중에 어떤 학생에게 물어보니 학원만 일주일에 5곳을 다닌다고 한다. 그 외 과외와 학습지를 포함하고 각 학원에서 주는 과제를 다 하려면 일주일이 모자란다. 학생들의 눈 밑에 검은 눈 그늘이 안쓰러울 때도 많다.

나는 늘 궁금하다. 과연 실력향상이 될까. 효율적일까. 하지만 이게 대한민국 사교육의 현실인 점은 누구도 부정하지 못한다. 나는 이런 현실을 감안해서 영어 수업을 바꾸려고 노력했다. 실제로 수업 때 나는 학생들에게 질적인 수업을 추구한다고 말을 한다. 많은 양을 나가려고 하지 않는다. 아니 정해진 양이 있다면 최대한 핵심적이고 간결하게 설명하려고 한다. 길게 양적으로 설명해도 아이들은 기억하지 못한다. 학생들은 핵심을 듣고 싶어 한다.

어떤 강사는 정해진 시간을 보내기 위해서 설명을 장황하게 길게 설명하는 경우가 있다. 이건 정말로 서로에게 도움이 되지 않는다. 나는 과감하게 시간이 남으면 문제 푸는 시간을 충분히 준다. 배운 것을 그 시간 내에 완벽하게 알고, 이해하고, 깨닫고 가라는 의미에서 그렇게 한다. 그 이후에 문제를 정확하게 풀어 주고 왜 틀렸는지를 암기가 아닌 배운 것을 토대로 이해할 수 있게 해 준다. 은근히 다음에 테스트해 보면 효과가 아주 좋았음을 알 수 있다.

양적으로 공부하는 시대는 지났다. 이미 지나도 한참 지났다. 교수법도 바뀌어야 한다. 양적으로만 보여 주기식 교수법이 아니라 정해진 시간에 효율적으로 전달하고 깨닫게 해 주는 게 필요하다.

6. 고객의 입장에서 생각하자

내가 어학원에서 처음 수업할 때는 정해진 양의 진도를 맞추기 위해서 빠르게 수업했던 거 같다. 말도 빠르고 판서도 급해서, 글씨는 제멋대로고 학생들이 이해하고 있는지를 생각도 하지 않았다. 나는 오늘 진도를 다 나갔다며 안심하고, 스스로 뿌듯함을 느끼기도 했다. 하지만 이는 올바르지 않다는 것을 깨달았다. 정말로 중요한 고객을 나는 만족시키시 못했기 때문이다.

학생들의 측면에서 보기에는 두서없어 보이고, 강사는 마음이 급하다 보니 적절한 예문이 떠오르지 않게 되고, 이것은 곧 학생들의 불만족으로 이어진다. 이것이 부모님에게 전달되고 학생은 학원을 바꿀까에 대해서 생각해 보게 된다. 학원은 한 명이라도 더 놓치지 않기 위해서 원인을 파악하려 한다. 점점 상황은 커지게 된다. 그래서 깨달은 바는 늘 수업 때는 안정된 마음으로, 여유로운 마음으로 임해야 한다는 것이다. 시간이 없다고 쫓기듯 수업을 하게 되면 실수하기 마련이다.

학생들은 시간이 없다고 생각하지 않는다. 강사가 수업하는 모습으로만 받아들이고 평가한다. 시간이 없다는 것은 강사의 입장이다. 고객인 학생의 입장에서는 강사가 시간에 쫓기고 있다는 사실을 알지 못한다. 천천히 여유 있게 수업하되 시간이 없다면 다음 시간에 좀 더 많은 진도를 나가는 것이 바람직하다. 기억하자. 학생은 고객이고 고객은 강사의 마음을 이해해 주지 않는다. 모든 수업은 강사가 책임져야 한다.

7. 칭찬은 희망을 준다

학생들에게 희망을 줄 수 있는 방법 중 하나는 칭찬해 주는 것이다. 누구나가 칭찬받으면 기분이 좋아지고 앞으로 잘할 수 있을 것 같은 기대감을 갖는다. 영어를 모두가 잘할 수는 없다. 특히 한 나라의 언어를 배우는 일은 더욱 힘들다. 매일 사용하는 환경에 노출되지 않기 때문이다. 사실 영어를 싫어하지만, 학교 과목이고 학교에서 비중이 높은 과목으로 설정이 되어 있기 때문에 어쩔 수 없이 공부하는 학생들이 있다. 학교 성적이 낮다고 집에서 혼나고 이런저런 상황에서 영어에 대한 스트레스가 높은 상황에서, 학원에서 마저 못한다고 기를 누른다면 학생은 더욱 의기소침해질 것이다. 강사는 지식과 노하우를 전달해 주기도 하지만 그 학생의 마음도 이해하려고 노력해야 한다. 학생의 입장에서 실력향상이 되는 방법으로 노력해야 한다. 때론 친구처럼 이해해 주어야 한다. 과제가 안되었거나 테스트에서 성적이 안 좋을 때 물어보아야 한다. 왜, 어떠한 일이 있었는지 파악해서 들어주고 해결책을 마련해 주어야 한다. 먼저 혼내거나 감정이 상할 수 있는 말 이전에, 이해하려 하고 잘하고 있는 부분을 먼저 칭찬해 주고 그다음에 부족한 부분에 대해 말을 해야 한다. 그래야 희망을 품고 자신도 할 수 있다는 생각으로 배우고 노력할 것이다.

선생님에 대한 인식이 변했다. 어머니, 아버지의 세대에서는 무섭고 근엄한 존경의 대상이지만 요즘은 함께 어울리는 시대로 변했다. 함께 식사도 하고 SNS로 대화도 주고받는 모습이 지금의 현실이다. 부드럽고 친근한 모습으로 다가갈 준비를 해야 한다. 칭찬에 인색하지 말자. 칭찬과 꾸짖음을 잘 활용하는 것도 강사가 가져야 할 덕목이다.

8. 시간제한으로 긴장감을 높이자

우리가 영화를 볼 때를 생각해 보자. 손에 땀을 쥐는 듯한 긴장감을 느낄 때가 있다. 가슴이 뛰고 애가 탄다. 마치 나의 이야기인 것 같은 느낌을 받는다.

격투기 경기를 보자. 서로 때리고 맞고 잔인하고 무섭지만, 자신도 모르게 몰입하게 되고 어깨가 들썩거린다. 마찬가지로 수업에서 빠질 수 없는 부분이 긴장감이다.

긴장감은 학생들에게 몰입감을 주고 수업의 질을 올릴 수가 있다. 내가 텝스(TEPS)를 가르칠 때다. 텝스(TEPS)는 원래 시간과의 싸움이기도 하다. 문항 수에 비해서 시간이 상당히 부족하다. 나는 문제를 주고 시간을 잰다. 모든 수업을 그렇게 진행할 때 아이들의 몰입도가 올라가고 수업을 끝마치고도 무언가 배웠다는 느낌을 받게 된다. 적절한 공부 분위기로 만들 수가 있다. 단지 텝스(TEPS)이기 때문이 아니다. 다른 영역도 그렇게 할 수 있다. 문제를 주고 정해진 시간에 풀게 하고 중간중간에 시간이 없다고 하면서 시간의 제한성을 설정해 주는 것이다. 이렇게 하면 학생들은 도전정신을 갖는다. 극복하고자 하는 마음을 갖는다. 그리고 모르는 사이에 학생들 사이에 경쟁이 붙기도 한다. 이는 좋은 수업 분위기와 더불어 실력향상에 도움을 줄 수 있다. 때로는 주어진 시간보다 1, 2분 정도 빠르게 마감을 설정하면 긴장감을 더 높일 수가 있다.

9. 한 교실에서도 일대일 과외를 할 수 있다

학생들을 가르치다 보면 내가 가르쳐 준 내용을 잘 이해하고 있는지를 확인하고 싶을 때가 있다. 잘하고 있는 거 같은데 시험을 보면 점수가 안 나오고, 잘 이해하고 있는 거 같아서 물어보면 그렇지 않다. 조금 답답한 마음이 들어서 생각한 해결책은 수업 때 문제를 풀게 하고 학생 옆에 가서 문제 푸는 것을 지켜보는 것이다. 학생이 부담을 느끼지 않도록 조용히 지켜보면서 푸는 방법을 보는 것이다. 만약에 잘못되었다면 바로 그 자리에서 설명을 해 주는 것이다. 이건 to부정사의 무슨 용법이고 문장에서 어떤 역할을 하고 있어서 답이 이렇게 되어야 한다는 식으로 설명해 준다. 그러면 실제로 학생들이 더 잘 이해한다. 그리고 공부를 더 열심히 하려고 한다.

이 방법의 또 다른 장점은 1대 1 개인과외의 성격과 동시에 학생들의 만족감이 몇 배 상승한다는 것이다. 사실 부모님이나 학생의 입장에서는 수준별 개별 학습을 더 원하신다. 하지만 어학원에서는 현실적으로 불가능하다. 강사 한 명이 한 반에 들어가서 최소 5명에서 많게는 15명 정도를 가르치기 때문이다. 그래서 이 방법은 학생이나 학부모 모두를 만족시킬 수 있고 성적향상도 이루어질 수 있다. 또한, 학생들은 강사가 자신에게 관심이 있다는 점에 더욱 수업에 호감을 느낀다.

이 방법 외에도 선생님이 책상에 앉아 있고 학생들을 나오게 하는 방법도 있다. 내가 쓰기(Writing)를 가르칠 때 관련 문법을 가르쳐 주고, 이를 활용하여 영작할 때, 다 완성한 사람부터 나와서 점검받도록 했다. 어떤 부분이 잘못되었고 어떻게 고쳐야 하는지를 개별적으로 지도해 주었다. 잘한 부분에 대해서는 칭찬해 주었다. 시간은 조금 더 걸릴 수도 있고 강사로서는 더 힘들 수도 있지만, 학생들의 만족도와 성적은 향상했다. 1 대 다수의 수업에서 강사가 어떻게 수업을 이끌고 가느냐가 중요하다. 이외에도 방법은 다양하다. 당신만의 방법을 찾아서 적용해 보기를 바란다.

10. 리더(Leader)는 당신이다

당신이 한 기업의 사장이라고 할 때 당연히 회사의 리더(Leader)는 당신이다. 그래서 당신의 판단으로 이끌고 가야 한다. 누군가의 조언도 필요하지만 결국 모든 책임을 질 수 있는 당신이 결정해야 한다.

수업도 마찬가지다. 수업을 이끌고 가는 건 강사의 몫이다. 그런데 다른 점이 있다. 우리는 학생이 고객이라는 것을 안다. 고객의 뜻에 따라야 한다는 것이 우리의 기본 생각이다. 그런데 수업의 통제권은 강사에게 있다. 여기서 힘의 우위를 따지려는 건 아니다. 강사의 역할을 설명하려고 하는 것이다. 적어도 자신이 맡은 영역, 진도 분량에 대해서는 강사의 스타일에 맞게 가르쳐야 한다는 것이다. 수업의 흐름과 방향을 강사가 의도하는 대로 이끌고 가야 한다. 학생은 듣는 입장이고 기본적으로 받아들일 준비가 되어 있다.

당신도 경험해 보았을 것이다. 학창 시절에 학교나 학원에 가면 일반적으로 앞에서 가르치는 강사가 이끄는 대로 따라갔다. 이 점을 말하는 것이다. 학생에게 수업이 끌려가서는 안 된다. 강사가 주도적으로 이끌고 가야 한다. 그러지 않으면 강사는 길을 잃게 되고 수업의 중심이 없어지게 된다. 강사도 기(氣)를 가지고 살아간다. 그 주도권을 빼앗기면 수업 진행이 힘들어진다. 창의적인 수업을 할 수 없다. 결국, 수업은 걷잡을 수 없는 상태가 된다. 배가 파도를 만나서 결국은 뒤집히게 되는 상황이 되는 것이다. 수업은 강사가 계획한 대로 이끌고 가야 한다.

11. 공부 분위기를 형성하라

　나는 초등학교까지 큰 방 하나에서 가족이 함께 지냈다. 그렇다 보니 한쪽에서는 TV를 보고 다른 한쪽에서는 전화하고 있는 상황이 자주 일어나곤 했다. 그 외에 다양한 소음이 존재했다. 과연 이런 환경에서 공부할 수 있을까. 나는 초등학교 때 집에서 거의 공부를 하지 못했다. 과제도 방과 붙어 있는 마루를 이용해서 가까스로 했다. 책상조차 없었고 나만의 공간은 생각조차 할 수 없었다. 중학생이 되어 나의 방을 가지면서, 과제와 공부를 할 수 있었다. 방이 있고 없음의 문제가 아니라 방이라는 공간을 가지게 되면서 형성되는 분위기가 사람을 바꾸는 것이다. 그 환경이 책을 읽고 생각하게 만드는 것이다. 천재가 되려면 천재와 어울려야 하고 부자가 되려면 부자와 어울리라고 했다. 수업의 분위기도 마찬가지다. 서로 모르는 학생들이 모여 있는 공간에서 강사는 공부 분위기를 형성하도록 노력해야 한다. 학생들이 들어올 때 간단히 인사를 하고 침묵해야 한다. 학생들이 조용해지면 수업을 시작해야 한다. 테스트를 먼저 보고 공부 분위기를 형성시키는 것도 좋은 방법이 될 수 있다. 자신의 시험점수로 자극받는 학생들도 있다. 강사가 진지한 방향으로 수업할 때 학생들도 진지하게 임한다. 설령 분위기를 저해하는 학생이 있다면 간단하게 짧게 끊어서 주의 주고 바로 아무 일이 없었다는 식으로 수업을 진행해야 한다. 학교에서도 면학 분위기를 중시한다. 구속력 없는 학원에서는 더더욱 중요하다.

12. 문제 학생들도 대응하는 방법이 있다

　수업하다 보면 모든 학생이 성실하고 공부에 대한 의욕이 있는 건 아니다. 대체로 상위레벨로 갈수록 수업 태도가 양호한 경우가 보통이고 하위레벨일수록 수업 태도에 문제가 있는 경우가 많다. 물론 절대적이지는 않다. 동료 강사와의 대화와 직접 수업에 들어가서 느낀 점이다. 단지 수업 태도가 안 좋다는 건 그나마 다행이지만 강사에게 무례한 학생들도 있다.

수업 태도가 안 좋은 학생들은 혼자만의 문제이고 다른 학생들에게 피해를 주는 경우는 드물다. 필기하지 않거나 문제를 풀지 않고 낙서하거나 혼자서 멍하니 있다. 이런 학생들은 그나마도 다행이다. 문제는 쓸데없는 질문을 하는 학생들이다. 갑자기 우주의 원리를 질문한다거나 의학적인 어려운 걸 질문한다거나 하는, 수업과 전혀 관련성이 없는 질문을 하는 경우가 문제다. 물론 재미있을 수도 있다. 하지만 이로 인해 수업의 분위기가 흐트러진다.

학생들이 웃기 시작하면서 내가 원하는 수업의 방향이 흐려지고 집중력도 떨어지고 결국 수업의 에너지가 사라진다. 이런 학생들은 간단하게, "수업하고 관련성이 없다."라고 말을 하거나 솔직하게 "선생님도 모든 것을 알 수 없으니 다른 관련 자료를 찾아보라."라고 말하는 편이 낫다.

떠드는 학생도 있다. 친구들끼리 모여 앉아서 게임, 드라마, 연예인 등 다양한 주제로 대화한다. 이런 학생들은 떨어뜨려 놓는 편이 낫다. 그렇지 않으면 수업 내내 "조용히"를 외치고 수업이 끝나면 강사는 힘이 빠져 버린다.

한 번쯤은 그들의 주제에 대해 함께 호응하면서 얘기에 동참하고 수업 시간에는 수업할 것을 권유하는 방법도 좋다. 딱딱한 어조로 혼내면서 떨어져 앉으라고 하는 건 자칫 반감을 살 수 있다.

가장 문제가 되는 학생들이 있다. 극히 드물지만, 인성적으로 문제가 있는 학생들이다. 강사에게 무례한 학생들이다. 인격적인 모독을 하는 때도 있다. 수업 때 정말로 화가 나기도 한다. 하지만 강하게 혼내기가 꺼려질 수도 있다. 강사라면 누구나 이런 학생들을 한두 번은 만난다. 정말로 이런 애들은 혼내고 가르쳐야 하지만 집안의 몫으로 남겨 둬야 하는 방법밖에 없다. 상급자에게 얘기하고 회의를 거쳐 부모님께 이 사실을 알려야 한다. 지금까지의 경험으로는 이게 최선이다.

어떤 선생님이 그런 학생을, 그 자리에서 수업을 제쳐 두고 혼냈지만 결국은 소용이 없었다. 학원에서는 학생을 잃지 않으려고 죄송하다고 어머님께 얘기하고 학생은 그 선생님을 바꾸어 달라는 요구를 했다. 결국, 학원에서나 강사 쪽에서나 억울하지만, 요구를 들어줄 수밖에 없었다. 물론 다른 학생의 경우 회의를 통해

학원에서 정중하게 부모님께 양해를 구해 더 이상 등원을 할 수 없게끔 조치하는 경우도 있었다.

강사마다 대처하는 방법은 다양하다. 당신도 준비해야 한다. 아니 실제 상황에 직면했을 때 그 방법을 깨달아야 한다. 이게 바로 노하우가 되는 것이다. 분명한 건 화내지 말고 좋은 방향으로 대응해야 한다는 것이다. 학원과 강사, 학생과 학부모 모두를 위해서다.

13. 커뮤니케이션 도구를 활용하라

빠른 소통의 시대다

스마트폰이 나온 이후로 일상의 커뮤니케이션은 달라졌다. 손으로 편지를 쓴다는 것은, 이제 과거의 향수를 느끼게 할 뿐이다. 세상 모든 것이 커뮤니케이션 도구 하나로 급속도로 빨라졌다. 개인의 의지만 있다면 시간과 장소에 구애받지 않고 얼마든지 빠르게 소통할 수 있다. e-mail, 카카오톡, 문자, 페이스북, 트위터, 인스타그램 등으로 커뮤니케이션을 할 수 있다. 이런 도구들을 활용하여 강사는 학생과 학부모와 효율적인 소통을 할 수 있다.

대상별 커뮤니케이션 도구 활용 시 주의할 점

1) 학생

학생들 관리 차원에서 문자나 카카오톡 등의 커뮤니케이션 도구는 필요하다. 요즘 같은 시대에 강사와의 빠른 소통은 중요하다. 자신이 맡은 학생이 집안에 일이 있어 수업에 빠질 때 빠르게 출결 여부를 알 수 있다. 또한, 학생들과 과제와 시험에 관한 간단한 질문과 답변을 주고받을 수 있다. 수업 외적인 서비스를 제공할 수 있다.

그런데 나는 학생들과의 소통은 필요할 때만 하는 게 바람직하다고 생각한다. 긍정적인 효과도 있지만, 부정적인 면도 있기 때문이다. 학생들은 아직 어리다. 물론 가르치는 대상의 문제이기도 하다. 초등, 중등, 고등에 따라서 다르다. 그렇지만 수시로, 시간을 가리지 않고 대화를 요구하는 경우가 있다. 자칫 강사의 개인적인 시간이 없어질 수 있다. 강사는 한 명인데 가르치는 학생은 많다. 담임이 아니더라도 담당 영역의 학생들 모두 합하면 몇백 명도 될 수 있다. 한 명이 하나의 질문을 해도 백 개는 넘는다.

강사의 시간은 한정적이다. 강사는 수업도 해야 하고 준비도 해야 한다. 그 외 잡무도 해야 한다. 그래서 전달할 사항은 수업 때 확실히 전달하고 메모할 수 있도록 지도해야 한다. 그래서 어떤 강사는 전화번호 공개를 꺼리는 일도 있다. 토요일, 일요일 가리지 않고 연락해서 사생활 침해를 경험해 보았다고 한다. 적절한 선에서 커뮤니케이션 도구를 활용하기를 바란다.

2) 학부모

부모님과의 소통에 있어 전화나 문자, 카카오톡 등의 커뮤니케이션 도구를 활용하면 학생 관리 측면에서 도움이 될 수 있다. 부모 입장에서는 직접 수업에 참관해서 자녀가 어떻게 공부하고 있는지를 알고 싶어 한다. 그래서 강사와의 소통을 통해 자녀의 수업 태도, 과제 이행도, 성적 관리 등에 대해서 들을 수 있다. 또한, 강사는 학원에 대한 불만 사항이나 불편한 점, 학생의 퇴원 사항 등을 미리 알고 대처할 수 있다.

하지만 조심해야 할 면도 있다. 어떤 부모님은 자녀의 과도한 관심으로 시간과 장소를 가리지 않고 상담한다. 강사는 웃는 얼굴로 대화하지만 만족하지 않는 부모님은 1시간, 2시간씩 대화하곤 한다. 전반적인 자녀의 교육 문제로 끝나지 않고 개인적인 가정사까지 상담한다. 어떤 해결책을 줄 수가 없다. 강사가 전문 상담사도 아니다. 영역 밖의 일이다.

함께 일하던 동료 여강사는 이로 인해 엄청난 스트레스를 받는다고 하소연했다. 수업이 없는 시간에도 쉬지 못하고 전화 통화를 했고 퇴근도 늦어졌다. 주말에도 전화 통화를 해야만 했다. 그래서 전화를 사용하거나 공개해야 한다면 자신의 전화가 아닌 학원 전화를 활용하는 방법을 권하고 싶다.

효과적인 커뮤니케이션 도구 활용 방법

1) 문자메시지

커뮤니케이션 도구 중에서 간단하고도 손쉬운 방법이 있다면 문자를 사용하는 것이다. 수업이 끝났을 때 하루에 한두 명의 부모님에게 학생의 수업 태도나 과제 이행도, 특이사항 등을 써서 보내는 것이다. 간단하게 문자메시지를 보내는 것이다. 그런데 이는 단순히 형식적으로 보내지 않도록 해야 한다. 이는 수업 태도 양호, 과제 이행도 좋음, 특이사항 없음과 같은 식으로 보낸다면 학부모는 별로 반기지 않을 것이다. 구체적으로 사례를 들어서 적는 편이 좋다.

수업 때 구체적으로 어떤 질문을 했고 과제의 어느 부분이 좋았다 같은 방식이다. 짧아도 정말로 자녀에게 관심이 있다는 점을 알려 주어야 한다.

다음은 내가 신규생 어머니에게 보낸 문자메시지다. 참고하여 도움이 되길 바란다.

어머님 안녕하세요. ○○가 학원에 온 지 거의 3주가 다 되어 가고 있습니다. ○○는 수업에 늘 집중하는 모습을 보여 주고 있으며 과제뿐만 아니라 단어 공부, 온라인 과제도 같은 반 다른 학생들에 비해 성취도가 높습니다. ○○가 수업에서 말은 없지만, 묵묵히 공부하는 모습이 예쁩니다. 원어민 선생님도 수업에 집중을 잘하고 있으며 참여도도 높다고 합니다.

○○와 대화를 잠시 나눌 기회가 있었는데 학원에도 잘 적응하고 있으며 명랑한 아이라는 점을 알 수 있었습니다. 또한, ○○가 가야금을 연주한다는 것을 듣고 잘

어울린다고 생각했습니다. ○○에게 중3이라는 점을 얘기하며 내신 공부도 열심히 해야 한다는 점을 강조했습니다. ○○는 성실하여 내신에서 좋은 점수를 얻을 것이라고 저는 믿습니다. 저는 ○○가 중3이라는 점을 감안하고 더 잘 가르치려고 노력하고 있으며 늘 관심을 가지고 바라보고 있습니다. ○○가 어머님의 말씀처럼 영어를 재미있어하고 있고 학원 생활에 잘 적응하고 있는 거 같아서 저도 기분이 좋습니다. ○○에 대한 상담이 필요하시면 언제라도 연락해 주시고요. 그럼 안녕히 계세요.

문자도 소통의 도구이다. 직접 대화를 하는 것과 마찬가지다. 만나서 대화한다고 생각해 보자. 마음이 없는 형식적인 대화를 한다면 부모님은 바로 알 것이다. 형식적인 멘트는 이미 많은 학원에서 들어서 지겨울 것이다. 더욱더 진솔하게 대화해야 한다. 마음을 보여 주어야 한다. 진심으로 학생들에게 관심을 가져야 한다. 사랑하는 마음으로 작성해야 한다.

2) MMS

만약에 문자보다 더 길게 쓰고 싶다면 MMS 사이트를 활용하여 보내자. 문자는 평소에 보낸다고 한다면 MMS는 편지 형식으로 정말로 마음을 담아서 글을 써서 보내야 한다. 자칫 글을 잘 써야 한다고 생각할 수 있지만 나는 그렇게 생각하지 않는다. 평소 수업하다 보면 강사의 눈에 보이는 점이 있다. 장점, 단점, 성격, 친한 친구 등을 보면서 느낀 점과 어떠한 방향으로 영어 공부하면 좋겠고 이를 토대로 좋은 학원의 프로그램이 있다면 추천해 주기도 하고 학원의 공지 사항 등을 덧붙이면 된다.

어렵다고 생각하고 무언가 거창하게 쓰려고 하니까 힘든 것이다. 세상에 거창한 것은 없다. 사랑하는 마음속에 모든 것이 숨어 있을 뿐이다. 그 학생을 위하는 마음, 정말로 사랑하고 잘되기를 바라는 마음을 가지고 쓴다면, 이것을 받는 학부모도 그 마음을 느낄 것이다. 글의 힘은 백 마디 말보다도 강할 수 있다. 말은 한

번 듣고 시간이 흐르면 다시 들을 수는 없다. 하지만 글을 몇 번을 다시 보고 느낄 수가 있다. MMS는 부모님의 전화기 속에 지우지 않는 한 저장되어 있다. 다음은 내가 MMS를 활용하여 보낸 것이다. 참고하길 바란다.

안녕하세요. ○○○학원 담임 ○○○입니다. 봄인데도 날씨는 조금 쌀쌀합니다. 환절기에 감기 조심하시고요. 어느 날 ○○가 머리에 떠오른 적이 있습니다. 왜냐하면, 어머님이 ○○가 내성적이고 발표력이 부족하다고 말씀하신 점이 생각이 났기 때문입니다. 그래서 저도 노력하고 있다고 말씀드린 적이 있습니다. ○○가 수업 시간에 저에게 먼저 얘기를 한 적도 있습니다. 점점 ○○가 나아지고 있음을 알고 기분이 좋았습니다. 수업 때 웃는 모습도 볼 수 있어 ○○가 조금만 노력하면 어머님이 우려하시는 점도 해결되리라고 생각됩니다. ○○는 어머님이 아시는 바와 같이 여러 면에서 우수한 아이입니다.

어머니 무지개가 일곱 빛깔이잖아요. 그런데 만약에 한 가지의 색깔이 없다면 그 무지개는 예쁘지 않을 거라는 생각이 듭니다. 각자 고유의 빛을 만들어 내고 있고 단계마다 출발점과 색의 농도의 차이가 다릅니다. 저는 ○○가 그 일곱 가지 빛의 색 중에서 두 번째 색깔인 주황색을 만들어 가고 있는 단계라는 생각이 듭니다. 영어라는 한 과목이 출발점이지만 시간이 흐를수록 그 농도는 진해져서 실력이 쌓일 것이고 그러다 보면 영어의 다양한 영역의 다채로운 빛을 발휘할 수 있다고 생각합니다. 이제 곧 중간고사 대비 내신 수업이 진행될 예정입니다. 외부 지문도 대비할 예정이고요. ○○가 3학년의 첫 시험에서 좋은 점수를 받아 순조로운 출발을 하고 특목고로 올해를 마무리한다면 뜻깊은 한 해가 될 수 있을 거로 생각합니다. 올해 아름다운 무지갯빛을 만들 수 있도록 최선을 다해 지도하겠습니다. 감사합니다.

3) 카카오톡(KAKAO TALK)

카카오톡(KaKao Talk)은 아마도 SNS 중에서 가장 흔한 방법 중의 하나일 것이다. 우리는 흔히 줄여서 카톡이라고 한다. 이는 실시간으로 메시지를 주고받을 수 있는 장점이 있다. 또한, 문자나 MMS는 상대방의 반응을 즉각적으로 알 수는 없으나 이는 상대방이 메시지를 확인했는지 안 했는지도 바로 알 수 있다는 장점이 있다. 그리고 특정 형식에 구애받지 않고 간단한 대화부터 시작해서 장문의 편지 형식으로도 소통할 수 있다. 문자나 MMS보다 가깝고 친근한 느낌을 준다.

다음은 카카오톡을 활용하여 퇴원하려고 하는 부모님께 편지 형식으로 보낸 것이다.

안녕하세요. ○○○학원 담임 ○○○입니다. 에메랄드빛 하늘 아래로 내려다보이는 ○○의 따사로운 봄기운이 바람을 타고 이곳 건물까지 솟아오르는 거 같습니다. 휴가는 잘 보내고 계시죠? ○○와의 전화 통화를 통해 제주도에서 휴가를 보내고 계신다는 걸 알았습니다. 제가 제주도를 가 본 지 오래되어서 기억은 잘 안 나지만 한국에서 가장 아름다운 숲길인 저지오름과 천지연 폭포가 생각납니다.

어머님 ○○가 아기였을 때 기억하세요. 걷지도 못하던 때 아니 걸으려고 일어났다가 다시 주저앉기를 반복하던 그 어린 시절이요. 그런데 어느덧 아이가 커서 걸음마를 뛰어넘어 뛰어다니던 때를 기억하시죠? 어머님은 무척이나 행복하셨을 거예요. 여기서 저는 ○○가 가지고 있는 잠재력을 말씀드리고 싶습니다. 아기가 걷기 위해서는 보통 2000번이 넘는 시행착오를 겪는다고 합니다. 에디슨은 전구를 발명하기 위해서 만 번이 넘는 시행착오를 겪었습니다. 힘들지만 끈기와 노력으로 이 모든 것을 극복했다고 생각합니다.

영어 또한 마찬가지라고 생각합니다. 지금 ○○가 많은 시행착오를 겪을 수 있는 나이라고 생각하고요. 저는 이것을 아름다운 시행착오라고 말씀드리고 싶습니다. ○○의 나이에서만 할 수 있으며 실수해도 부끄럽지 않은 때입니다. 빛을 내기 위한 과정이라고 생각합니다.

학교 일정과 수학학원으로 시간이 조금 여의찮지만, 지금의 현실은 수학과 영어를 병행해야 하는 상황이라고 생각합니다. 어느 하나 놓칠 수 없는 과목이라고 생각하고요. 영어를 잠시 쉬게 되면, ○○가 지금 조금씩 토플(TOEFL)에 대해

적응을 잘하고 있는 상황에서, 감각이 매우 부족해질 거 같습니다. 지난번 토플 (TOEFL)시험 점수를 보니 읽기(Reading)와 말하기(Speaking)의 점수가 높았습니다. 토플(TOEFL)을 처음 시작하는 아이들에 비해 좋은 출발 선상에 있다고 생각합니다. 지난번에 전화로 말씀드렸다시피 ○○가 단어를 어려워하는 면은 있지만 원래 토플(TOEFL) 단어가 학술적인 단어를 포함하고 있기에 시간이 좀 필요할 듯 생각됩니다. 단어가 어느 정도 뒷받침이 된다면 충분히 더 향상될 수 있다고 생각합니다. 토끼와 거북이에서 거북이가 꾸준히 전진한 거처럼 ○○가 힘들어도 조금만 참고 전진한다면 지금 노력한 시간에 대한 확실한 보상이 결과로 나올 것입니다. ○○는 영어에 대한 기초가 잘 되어 있는 학생이기에 다음 학기에는 지금보다 성적이 반드시 향상될 것을 확신합니다.

제가 바라보는 ○○의 현 상황을 참고하여 퇴원을 다시 생각해 주시면 어떨까요? 바쁜 기간에는 이월 처리를 해서 쉬고 그 외의 기간은 수업을 들어서 영어에 대한 감각을 유지하면 어떨까 싶습니다. ○○가 1학년 때 영어에 대한 확실한 토대를 만들었으면 좋겠습니다. 감사합니다. 안녕히 계세요.

14. 나의 시간이 아니라 학생의 시간이다

사람이 세상을 살아가면서 가장 필요한 것이 시간 관리다. 하루에 정해져 있는 24시간을 어떻게 구성하느냐에 따라서 하루, 이틀, 일 년이 달라진다. 아침에 일어나면서부터 우리는 시간에 따라 움직이고 생각한다. 이는 수업에서도 마찬가지이다. 더욱이 수업에서의 시간은 나만의 시간이 아니다. 학생들이 당신의 수업을 듣기 위해 황금 같은 시간을, 더욱이 돈을 내면서까지 학원에 와서 앉아 있다.

학생들의 시간을 합쳐 보자. 15명이라면 1시간씩만 계산을 해도 15시간이다. 그들은 돈을 받지도 않으면서 단지 지식을 배우기 위해서 앉아 있다. 시험에서 더 좋은 성적을 받기 위해서, 언제 올지 모르는 미래에, 지금 배운 지식을 사용할 수 있는 날을 기다리며, 당신을 바라보고 있다. 당신은 학생들을 가르치는 시간만큼은 그 시간에 대한 주인이다. 그래서 당신은 책임감을 느껴야 한다. 1시간을 수업 하더라도 알차게 보내야 한다. 최선을 다해서 그들의 시간을 보람되게 활용해야 한다. 다시 오지 않을 귀중한 시간이다.

수업을 시작하면서부터 당신은 무엇을 어떻게 진행할지를 생각해야 한다. 과제 검사는 언제 할 것이고 지난 시간에 배운 내용의 복습은 어떻게 하고, 오늘 배울 내용의 분량과 시간을 얼마만큼 할애할 것인지 등을 생각해야 한다.

강사라면 한 번쯤은 시간 관리를 못 해서 지난 시간 분량을 겹쳐서 가르쳐 본 적이 있을 것이다. 시간이 임박해서 빠르게 가르쳐 본 적도 있을 것이다. 그런데 진도를 나가는 게 중요한 게 아니라 학생이 이해했느냐가 더 중요하다. 학생들이 이해하지 못했다면 그 수업은 시간에 대한 보상이 없는 것이다. 그리고 자칫 학생 들이나 학부모에게서 불만이 나올 수도 있다. 너무 빠르게 가르쳐서 이해할 수 없 다고 학원에 전화할 수도 있다.

강사는 늘 효율적이고도 보람되게 시간을 보낼 수 있도록 사전에 수업의 흐름 (flow)을 생각해야 한다. 그래서 수업 준비할 때 철저한 레슨플랜(Lesson Plan)을 구성하는 습관을 지녀야 한다. 학생들의 황금 같은 시간을 낭비해서는 안 된다.

15. 능력의 극대화는 적합한 교재이다

서점에 가면 영어 교재가 많다는 걸 느낀다. 문법(Grammar), 읽기(Reading), 텝스(TEPS), 토플(TOEFL) 등 정말로 다양한 책들이 있다. 그렇지만 그 내용과 구 성을 보면 차이가 있다. 그럼 어떤 교재를 선택해야 하는 걸까. 정답은 당신에게 있다. 당신이 가르치려는 교재는 당신이 선택해야 한다. 왜냐하면, 당신이 생각할 때 학생들의 수준에 적당한 교재를 선택해야 하고 그에 따른 적절한 구성으로 실 력을 향상할 수 있는지도 봐야 한다. 또한, 당신이 가르치기에 당신의 설명을 잘 보완해 줄 수 있는 책을 선택해야 한다. 그래서 효율성을 극대화해야 한다.

그런데 학원에서는 정해진 교재를 사용하는 경우가 있다. 자신에게 선택 권한

이 있는 학원이 있는가 하면 그렇지 않은 학원도 있다. 특히나 대형어학원에서는 본사에서 정해져서 내려오는 경우가 많다. 이럴 경우는 방법을 달리해야 한다. 만약에 그 책의 내용이 부실하거나 구성이 자신과 잘 맞지 않다면 주교재로는 사용하되 부교재로 필요한 부분을 복사해서 사용해야 한다. 자신에게 맞지 않는 교재로 무리하게 사용하다 보면 부작용으로 자신의 실력대로 가르치지 못하게 되고 결국은 수업 내용이 부실하다는 불만이 나올 수 있다. 그래서 부교재를 활용하거나 자신이 축적해 놓은 자료가 있다면 적극적으로 활용해야 한다. 어떤 재료를 사용하느냐에 따라서 음식의 맛이 달라지듯 어떤 교재를 선택하느냐에 따라서 당신의 수업도 달라진다.

16. 테스트(TEST)를 활용하자

학부모는 학원에 보낸 자녀가 공부를 잘하고 있는지를 알고 싶어 한다. 비싼 학원비를 내고 보냈는데 공부를 못하면 속상할 수도 있고 학원에서 배운 내용을 잘 이해하고 있는지도 궁금해한다. 또한, 학생들은 그날 배운 수업에 대해서 복습하고 다음 배울 내용에 대해서 예습하면 실력이 빠르게 향상될 수 있다. 하지만 이렇게 하는 학생들이 많지 않다. 그래서 강사는 다음 수업을 시작하기 전에 10분 정도를 할애해서, 전날 배운 내용을 테스트해 보는 것이 좋다. 그래서 학생의 성취도를 만들어서 학생 개별 상담 때 활용해도 좋고 학부모와의 전화 상담에서 활용할 수도 있다. 시험은 자신의 스타일대로 만들면 된다. 대신 시험 범위와 형식에 대해서 미리 공지해야 한다. 문항 수는 10문제가 되어도 좋고 20문제가 되어도 좋다. 총 수업 시간에서 몇 분을 할애할 것인지를 생각해야 한다. 자신만의 시간에 따른 계획표를 작성해 보는 것도 도움이 될 수 있다.

읽기(Reading) 수업이라면 전날 배운 구문 시험을 보아도 좋고 해석하는 문제를 만들 수도 있다. 수업에 나온 단어시험을 보는 것도 좋다. 이 모든 것을 섞어서 볼 수도 있다. 물론 반드시 시험을 봐야 하는 건 아니다. 수업 시간이 적어서 진도를 나갈 수 없을 때에는 간단히 복습해도 괜찮다.

듣기(Listening) 수업은 대부분 시험을 보지 않는다. 본다고 해도 단어시험 정도고 대신 과제로 받아쓰기(Dictation)를 내준다. 문법(Grammar)은 반드시 보는 것을 권하고 싶다. 대부분 학생이 문법을 어려워하기 때문에 전날 배운 내용에 대해서 영작도 좋고 개념 문제도 괜찮다. 용법 구별문제도 괜찮다.

여기서 말하고 싶은 점이 있다. 채점이다. 채점은 반드시 그 시간 내에 학생들과 시험지를 바꾸어서 채점해서 결과를 내야 한다. 그래야 바로 피드백을 줄 수 있고 부족한 학생에게 보강 수업이라든지 남아서 따로 공부할 수 있도록 지도도 할 수 있고 별도의 과제를 줄 수도 있다. 그리고 이를 통하여 늘 성적이 저조한 학생과 간단하게 상담을 할 수도 있다. 만약에 시험지를 가져가서 강사가 직접 채점하게 되면 강사의 시간이 많이 허비되고 즉각적인 피드백을 주지 못하게 되어 다음 시간에 오면 학생들은 잊어버린다.

17. 형식적인 평가는 쓰레기다

한 어학원에서 있던 일이다. 그 학원은 수업 때마다 문법 시험을 보기를 원했다. 학생들은 20문제를 조교의 지도하에 수업 전에 시험을 보고 수업을 듣는다. 나중에 조교는 시험지를 그대로 강사에게 가져다준다. 내가 들어가는 반은 5개였고 각 반은 학생이 10명 정도였다. 그래서 하루에 채점해야 할 양은 50장이다. 하루 내내 수업해야 하므로 매일 이렇게 시험지는 쌓여만 갔다. 채점할 시간은 다음 날 출근해서인데 다른 잡무를 해야만 했다. 그렇다 보니 1주, 2주 채점이 밀렸다. 기하급수적으로 늘어서 나중에는 몰아서 채점만 했다. 원어민도 쉬는 시간에는 채점만 하고 있다. (당시 부원장 본인은 한 개의 수업을 하는데도, 채점이 늦어졌다. 학생들에게 3주 전에 시험 본 것으로 남아서 재시험을 보고 가라고 했다. 현실적으로 효율성이 없다. 학생들은 언제 시험을 보았는지도 기억 못 했고 3주 전에

시험 본 것을 가지고 남긴다고 투덜댔다)

나는 그렇게 수백 장이 되는 시험지를 채점하면서 내가 채점하러 온 것인지 수업하러 온 것인지 모르겠다고 생각했다. 나는 답답했다. 시험을 보고 그 자리에서 학생들끼리 채점하거나 조교가 채점하면 되는 것이다. 조교가 학생들 주변에서 감독하면서 답을 불러 주고 서로 다른 시험지를 채점하면 간단해지는 일이다.

학원은 건의해도 바뀌지 않았다. 결국은 강사를 조금이라도 쉽게 하고 싶지 않다는 이유와 형식적으로, 부모에게 보여 주기 위한 것임이 분명하다는 것을 알았다.

당신은 명심해야 한다. 부모에게 보여 주기 위한 시험은 필요 없다. 정말로 학생의 실력향상과 점검 차원에서 이루어져야 한다. 단지 학생을 관리하고 있다고 알려 주기 위해, 수업 시간을 대충 보내기 위해서라면 하지 말라는 것이다.

또한, 학원도 효율적인 방법이 있으면서도 단지 학원에서 월급을 주는 이유로, 강사를 쉽게 하지 않을 생각으로 그 방법을 고수할 필요는 없다고 생각한다. 결국, 그 학원은 매번 구인 공고를 낸다. 강사는 계속 바뀐다. 당연히 학원은 잘 유지되지 않는다.

어떤 학원은 형식적으로 테스트를 할 것을 원하기도 하고 어떤 학원은 자율적이고 어떤 학원은 과목별로 달리하는 학원도 있다. 정답은 없다. 중요한 건 형식적이 아닌 학생들의 실력향상에 초점을 두어야 한다. 요즘은 학생들도 다 안다. 형식적인지 진정으로 자신들을 위한 시험인지를 구별한다. 초등학교 때부터 학원의 연속인데 보는 눈이 없겠는가.

18. 성적 관리도 활용하기 나름이다

학생들은 주로 자신의 시험점수를 금방 잊어버린다. 아니 기억해 봐야 도움이 되지 않기 때문이다. 어차피 또 시험을 보면 된다고 생각한다. 많은 학원에 다니면서 익숙해져 있는 게 시험이다. 이제는 상처도 받지 않는다. 그냥 그러려니 하는 학생들도 있다. 시험에 이미 지쳐 있는 학생들이다. 무뎌져 있다.

하지만 이런 학생들에게 자극을 주는 방법이 있다. 시험을 보고 바로 그 자리에서 채점해서 직접 점수를 물어보는 것이다. 그래서 그 점수를 기록하는 것이다. 많은 학생 앞에서 자신의 점수를 말해야 하기에 조금은 부끄러운 상황이다. 여기에 더하여 점수를 기록해서 부모님께 알려 드린다고 하면 다음 시간부터는 복습을 열심히 해서 시험을 잘 본다.

당신은 학생들의 점수를 매번 기록해서 성취도를 만들어야 한다. 그래서 지난번보다 잘했다면 칭찬해 주고 때로는 선물로 과자를 줄 수도 있다. 한 달 동안 통계를 내서 1등에게 선물을 줄 수도 있다.

어린 학생들에게는 때로는 동기부여가 필요하다. 같은 반 친구들에게 뭔가 자랑거리를 심어 주는 것이 필요하다. 우쭐해하는 상황이 학생을 변하게 할 수 있다. 당신은 이 자료를 가지고 학부모의 전화 상담이나 면담 때 활용할 수도 있다. 공식적으로 보는 시험일 경우 대형학원에서는 온라인으로 학생의 점수를 확인할 수도 있지만, 수업 때마다 보는 시험은 알 수 없는 경우가 많다.

특강 때는 학원에서 학부모에게 시험지를 촬영하여 카카오톡으로 매일 전송하는 경우도 있었다. 비싼 학원비를 내고 교육을 맡기는 만큼 학부모는 자녀의 공부 상태를 알고 싶어 한다. 설령 수업에 만족을 못 하고 퇴원할 때에도 강사는 평소 성적 관리를 통해서 학생에 대한 자료를 학원에 제출할 수 있고, 이를 통해 퇴원 이유를 가늠할 수 있다. 강사가 정말로 열심히 가르쳤음에도 학생이 공부할 의지가 없다면 이는 강사만의 잘못이 아니기 때문이다.

학원이 가기 싫은데 이를 강사 탓으로 핑계를 대는 학생도 있다. 부모님께 어떻게든 핑계를 대려고 한다. 열심히 가르치는 강사가 피해를 본다. 성적 관리를 통해서 이를 설명할 수 있다. 누명을 쓰지 않을 수 있다. 학원에서는 학생이 그런 핑계를 대면 강사 편이라고는 하지만 감성적으로는 절대로 그렇게 생각하지 않는다. 이런 말이 나오지 않는 게 더 좋지만 억울하게 당하지 않는 준비도 필요하다.

성적 관리를 통해서 학생들의 성적도 향상할 수 있고 학부모와 상담도 할 수 있는 자료로도 활용할 수 있다.

19. 컴플레인(Complaint)도 이것만 알면 끝이다

침착하고 의연하며 평화롭게

강사로 일하다 보면 학생들과 문제가 발생할 수 있다. 서비스업이고 아직 덜 성숙한 학생들이기 때문에 서로 마찰이 생긴다. 즉 수업에 관해 불만 사항이 발생한다. 주로 학생이 얘기하는 경우는 드물다. 부모를 통해서 학원 상담 데스크에 전달되기도 하고 상담직원이 수업에 관해서 물어보다가 듣게 되는 일도 있다. 어느 강사나 이는 발생할 수 있다.

한 여학생은 공부에 관심이 없고 늘 학원에 오면 떠들었다. 앞에서 조용히 하라고 해도 소용없었다. 매번 좋은 말로 하지만 듣지를 않았다. 참다못한 나는 싫은 소리를 하게 되었고 수업은 제대로 진행되지 않았다. 그 학생 어머니는 학생의 말만 듣고 수업이 맘에 안 든다, 강사가 수업을 못 한다는 식으로 상담부에 전화해서 불만을 표출했다. 이는 교수부장과 원장에게 전달이 되었다. 그들은 근본적으로, 나의 얘기를 듣지 않고 자신들이 해결하려 했다. 여기서 오해가 발생했다.

그 여학생 담임을 맡은 여강사는 자신의 등록률에 영향을 미칠까 두려워서 그 학생 편을 들며 부모님께 내 수업에 관해 안 좋은 점에 동조했다. 그리고 이를 교수부장에게 전달했다. 상담 기록에 적힌 내용을 통해서, 나는 상황을 파악할 수 있었다. 나는 억울하고 답답하여 직접 학생 어머님께 전화해서 그 여학생의 문제점과 그날의 상황에 대해서 말씀드리고 이해시켜드렸다. 어머니는 죄송하다고 하며 전화를 끊었는데 교수부장에게는 한탄하듯, 자신의 아이가 문제점이 있다고 인정하면서 학원을 그만둔다고 했다. 이를 두고 교수부장은 나에게 불만을 표출

했다. 한 명이라도 학원에서 놓치고 싶지 않아 노력하는데 결국 일을 망쳤다고 했다. 억울했다. 하지만 학원에서는 수입의 측면에서 생각하기에 강사와 생각이 다르다. 결국은 학생 편이 될 수밖에 없는 구조로 간다. 강사는 나쁜 사람이 되는 것이다.

여기서 내가 깨달은 것이 있다. 침착하고 의연하며 평화롭게 문제를 해결해야 한다는 것이다. 학생은 자기의 잘못을 모르고 어머니에게 다른 방식으로 전달했다. 어차피 시작부터가 대화의 왜곡이다. 이런 일은 누구에게나 발생할 수 있다. 청소년을 가르치다 보면 별의별 일이 다 생긴다. 하지만 강사는 여기서 절대로 침착해야 한다. 어떤 불만 사항이 나와도 의연하게 대처해야 한다. 자신이 조금은 억울하겠지만 마음을 비우고 그럴 수 있다고 생각해야 한다. 그리고 평화로운 방향으로 매듭지어야 한다. 학생의 반을 옮겨 주거나 그 학생과는 좀 거리를 두고 수업하는 방법으로 생각해야 한다. 분쟁을 일으켜 봐야 강사 탓이다. 학생이 그만두면 학원이 손해를 보고 결국은 강사, 자신에게 돌아온다. 평화롭게 지내라. 그리고 그런 학생이라면 미리 교수부장이나 선임 강사나 담당 강사에게 평소에 알려 줘야 한다. 그래야 일이 발생하여도 이런 억울한 일은 생기지 않을 것이다.

당신을 기다리는 학생들이 더 소중하다

학생들이 불만 사항을 표출하는 경우는 많다. 정말로 강사에게 문제가 있는 경우는 경험상 드물다. 어떤 학생은 레벨이 올라가지 않아서 강사를 탓하는 경우도 있다. 자기 친구들은 레벨이 올라가서 공부하는데 자신만 같은 레벨에 있어 자존심이 상하는 경우다. 이럴 때 강사를 탓한다. 문제가 없는 강사를 탓한다. 함께 수업을 듣는 다른 학생들은 별말이 없는데 혼자서만 호들갑이다. 결국은 이 학생의 레벨을 높여 친구들과 함께 수업을 듣게 하자 불만이 사라졌다.

당신이 강사라면 이런 것을 부담 없이 받아들여야 한다. 이런저런 얘기에 휘둘린다면 수업을 제대로 하기 힘들다. 학생들에게 부담감을 느끼게 되고 그러면 로

붓이 하는 수업이 된다. 학생들과 소통하는 것도 꺼려질 것이다. 당신이 진지하게 학생을 사랑하는 마음으로 최선을 다해 수업했다면 신경 쓰지 말자. 아무것도 아닌 것으로 인해 당신의 수업을 기다리는 학생들에게 피해를 줄 수는 없다. 당신 앞에서 수업을 듣고 있는 학생들을 먼저 생각하자. 이런저런 말이 많은 학생들은 다른 학원에 가서도 똑같다. 결국은 학원 부적응자이다.

마음 쓰지 말자. 받아들이자. 그러려니 하자. 그래야 당신을 기다리는 많은 학생에게 꿈과 희망을 줄 수 있다. 1명 때문에 다른 학생들을 포기할 수는 없지 않은가.

제6장

1등 강사가 되기 위한 조언

1. 실력이 최우선이다

레벨이 높은 학생들을 첫 수업에서 강사를 평가한다. 그래서 다음 수업을 들을까 말까를 고민한다. 어학원에서는 보통 Master 단계가 최고 레벨이다. Master는 외국인과 다양한 주제로 토론(Debate)할 능력을 키우는 단계이다. 외국에 체류한 경험이 있는 학생들도 다수이고 방학이면 외국으로 캠프를 떠나기도 한다. 학생들의 학교 성적은 당연히 전교에서 5등 안에 들고 1등급을 유지하고 있다. 강사가 한마디 하면 자율적으로 무엇을 어떻게 해야 하는지 알아서 공부하는 스타일이다. 공부에 대해 자신만의 스타일이 잡혀 있는 단계이다.

이 학생들을 첫 수업부터 시작해서 한 학기 아니 다음 학기까지 이끌고 가려면 강사는 자신의 실력을 보여 주어야 한다. 아니 보여 주는 것보다는 학생들 스스로가 수업을 통해서 강사에게 배울 점이 있다는 것을 깨달아야 한다. 이를 위해서 강사는 학생들이 모르는 다양한 어휘를 가지고 반의어와 유의어를 몇 개씩 써서 보여 준다든가, 어려운 구문을 논리적으로 파악하고 구조와 문법도 설명할 수 있어야 한다. 가장 성적이 높은 학생에게 질문을 해 보거나 시험문제를 통해 틀린 부분을 집어 주면서, 학생들 스스로가 강사를 인정하게 해야 한다.

강사는 학생들 앞에서 이를 의식할 필요가 없다. 최선을 다해서 수업 준비를 하면 되는 것이다. 그러면 자연히 학생들은 서로 얘기하면서 강사를 인정한다. 강사는 실력으로 인정을 받는 게 먼저다. 학생이 당신에게 오는 첫 번째 이유는 배우기 위해서다. 놀려고 오는 게 아니다. 그러므로 실력을 키워서 실력으로 인정받으려고 노력해야 한다. 그럴 때 당신이 성공할 수 있고 당신의 몸값도 올릴 수가 있다. 아무리 웃고 떠들어도, 너무 가까운 사이가 되었다고 해도, 학생들에게 무시당하지 않을 수 있다. 집에 가서 부모님에게 배울 수 있는 강사라는 말을 전한다.

상담해 보면 그 반응을 알 수 있다. 강사의 전화번호를 알고 싶어 한다. 과외를 부탁하기도 한다. 학원에서 당신을 놓으려 하지 않을 것이다. 자유 계약이라면 당신의 시급이 올라갈 것이다. 당신이 최고의 강사가 되려거든 실력부터 키워야 한다.

2030 영어 강사 스타트

2. 자신감도 키우는 방법이 있다

    흔히들 어떤 일을 할 때 "자신감을 가져라" 하고 말한다. 그런 얘기를 주변에서 쉽게 듣는다. 그렇지만 알면서도 잘 되지 않는다. "자신감을 갖자"라고 말은 하는데 몸은 이미 떨고 있다. 마음은 긴장하고 있다. 사실 "자신감을 가져야지"라고 말하는 것 자체가 이미 긴장하고 있는 증거로 볼 수 있다.

    자신감은 "자신을 믿는다"라고 나는 해석한다. 수업할 때 자신을 믿어야 한다. 강사가 자신을 믿지 못하면 학생들도 강사를 믿지 못한다. 자신감이 없는 건 외적으로 드러나기 때문이다. 수업 시에 목소리와 말투에 확신이 없기도 하고 말이 꼬이거나 적절한 예문이 떠오르지 않기도 한다. 사교육의 1등, 대한민국에서 자란 학생들은 어릴 때부터 많은 학원에 다니며 다양한 강사들에게 배웠기 때문에 그 정도는 감으로 파악한다.

    처음에 나도 "자신감을 가져라"라는 말을 들었다. 그런데 그건 생각해 보니 말뿐이었다. 구체적인 방법이 없다. 그냥 '잘해라'라고 하는 것과 별반 다른 게 없다. 수업 준비를 열심히 했고 어떤 흐름으로 수업할지를 생각해 놓고도 자신감 부족으로 그렇게 되지 않는 때도 있고 열심히 준비한 것이 생각이 나지 않는 일도 있다. 그래서 수업이 끝나면 "도대체 내가 무엇을 한 거지"라고 생각한다. 아쉽기도 하고 속상하기도 하다. 이는 자신감을 가지는 방법을 몰라서 그런 것이다.

    자신감은 생각의 변화로 극복할 수 있다. 아니 자신감은 생각의 변화를 통해서 얻을 수 있다. 학생들을 두려운 존재로 생각하지 말자. 자신의 실력을 측정하기 위해서 학원에 온다고도 생각하지 말자. 학생들은 아무것도 모르는 상태로 당신에게 배우러 왔다고 생각해라.

    사실 학원에서 그날 배울 분량을 모두 다 알고 예습해서 오는 학생은 거의 없다. 학교가 끝나고 오는 이유도 있지만 학생들 대부분이 그럴 여유가 없다. 많은 학원에 다니고 있고 그에 따른 과제를 하느라 바쁘다. 그렇다 보니 학교생활도 벅찰 수밖에 없다. 이렇게 생각한다면 오늘 수업할 부분에 대해서 당신만큼 공부를 열심히 한 학생은 없다. 이제 자신감이 좀 생기지 않는가.

당신은 납도 미리 알고 있다. 배우러 오는 학생은 당신의 수업을 그대로 받아들일 준비가 되어 있다. 이렇게 생각하면 마음도 편안해진다. 그래서 편안한 마음으로 수업할 수 있고 그러면 당신의 사고력도 향상되어 학생들과 교감을 나누며 여유롭게 수업을 즐기며 할 수 있다. 또한 순간순간의 상황을 재치로 넘길 수도 있다.

학생들 앞에서 멍해져 학생들이 눈에 안 보이는 일도 없다. 설령 생각이 나지 않는 부분이 있어도 자연스럽게 교재를 보고 파악할 수 있다.

강사가 수업하다 보면 생각이 나지 않는 경우도 물론 있다. 이럴 땐 "강사도 사람이다, 완벽한 사람은 없다."이렇게 받아들이면 된다. 그러니 두려워하지 마라. 당신이 열심히 수업 준비했다면 생각을 바꾸기만 하면 된다. 노력한 만큼은 발휘해야 하지 않는가. 생각을 바꾸자. 그러면 자신감도 생기고 만족스러운 수업도 될 것이다.

3. 자신만의 스타일을 연출하라

과거와 달리 경연 프로그램이 많아졌다. 그래서 이제는 오디션이 더 이상 낯설지 않다. 신인 가수를 뽑는 프로그램뿐만 아니라 기존의 프로 가수들이 경쟁하는 프로그램, 다른 분야의 연예인이 가수에 도전하는 프로그램 등 TV를 켜면 쏟아진다. 그런데 그 가수들이 모두 뛰어나다는 평가를 받지만, 모두가 같은 스타일은 아니다. 기존의 다른 가수의 곡을 자신의 스타일로 바꾸어 부른다. 그러면서 원곡자보다 뛰어나다는 평을 듣기도 하고 그 노래의 원곡자로 인식되기도 한다.

강사도 마찬가지이다. 영어를 가르치는 강사는 많다. 대형어학원에 가면 수십 명이 된다. 같은 교재를 가지고 가르치지만 다른 느낌을 준다. 수업의 포맷을 어느 정도 같게 유지하려고 하는 학원도 있다. 설령, 그렇다고 해도 수업은 같을 수 없다. 큰 틀은 같게 할 수 있어도 세부적인 모든 것을 통일할 수는 없다. 이는 강사마다 생각이 다르고 보는 관점이 다르기 때문이다. 수업에 속한 학생들이 다르고 분위기가 다르기 때문이다. 서로 똑같은 수업을 하는 거 자체가 이상한 것이다. 그래서 나는 자신만의 수업 스타일을 만들어야 한다고 말하고 싶다. 자기 능력을 극대화하고 학생들의 실력이 향상될 수 있도록 짜임새 있게 수업을 구성해야 한다. 이렇게 설명할 때 학생들의 이해도가 높고 저렇게 설명할 때 이해도가 떨어진다는 것을 깨달아야 한다. 학생들이 볼 때 이 강사는 "어떤 스타일이다"라고 느낄 수 있어야 한다. 그것이 곧 당신의 개성이다.

어떤 학원은 CCTV를 보거나 청강을 통해서 원장이 생각하는 방식으로 수업을 종용하는 때도 있다. 이는 잘못된 방식이다. 기본 상식을 깨지 않는 범위 내에서, 강사의 개성을 인정해 주어야 한다. 강사에게 맞지 않는 수업방식을 강요하는 것은 맞지 않는 옷을 입히는 것과 다름없다.

다양성을 인정해 주어야 한다. 학생도 다양한 수업방식을 들을 권리가 있다. 나의 경험으로 판단해 보면 자신의 수업 스타일을 유지하고 발전시키는 강사가 오래 살아남고 인정받았다. 이런저런 사람들 말에 흔들리지 말고 자신의 수업 스타일을 유지하고 발전하도록 노력하자. 한때 문화 대통령이라 불리는 서태지를 알 것이다. 한국 음악에 획을 그은 가수라고 인정받는 그가 〈난 알아요〉를 선보였을 때 심사위원들의 혹독한 비평을 받았다. 하지만 대중은 다르게 느꼈다. 세상은 그에게 환호했다. 변화하는 시대에 맞는 자신만의 스타일을 가져라. 당신과 같은 사람은 세상에 없다. 당신은 고유한 생명체다. 당신을 믿는 만큼 당신의 스타일을 가질 수 있다.

4. 소통의 출발은 인사다

한국은 예로부터 '동방예의지국'이라고 불렸다. 아침에 일어나서 부모님께 "안녕히 주무셨습니까?", 잠자기 전에 "안녕히 주무세요."라는 문안 인사를 했다는 것을 당신은 익히 알고 있다. 그래서인지 한국은 언제 어디서 누구를 만나든 고개를 숙이고 인사를 한다. 아주 좋은 예절 문화다. 이것은 서로의 관계를 돈독히 하는 의사소통의 한 방법이라고 생각한다.

강사와 학생도 마찬가지다. 서로 인사로 만나고 인사로 헤어져야 한다. 따뜻한 인사를 주고받는 것이 학생들과 강사의 관계를 끈끈하게 맺어 주고 신뢰감을 형성해 준다. 강사가 수업만 하면 된다고 생각해서 강의실에 앉아 있는 학생들을 보자마자 시험 보고 수업하고 점검하는 식으로 수업한다면 사람 냄새가 나지 않을 것이다. 강사도 사람이다. 가르치는 로봇이 아니다. 학생도 사람이다. 공부하는 로봇이 아니다.

나는 늘 학생들을 기다리며 교실에 들어오면 친절하고 다정하게 인사를 한다. 수업이 끝날 때 교실을 나가는 학생들 한 명 한 명 이름을 불러 주면서 인사를 한다. 행여나 특이사항이 있는 학생은 묻기도 하고 그날 잘한 학생에게는 칭찬도 한다. 그리고 나서 교실을 마지막으로 나온다. 그렇게 인사를 반복하다 보면 수줍어서 낯을 가리던 학생도 이전보다 더 수업에 집중하게 되고 내가 하는 충고도 기꺼이 받아들인다. 서로 신뢰하고 마음을 열게 된다. 서로 정을 느끼게 된다. 인사라는 게 바로 이것이다. 그래서 옛 선조들이 인사를 강조한 것이다.

강사라고 해서 인사를 받으려고만 하지 말자. 강사가 먼저 다가가서 인사를 하자. 행여나 자신이 강사로서 가지고 있는 프라이드나 권위 의식이 있다면 버려라. 자존심도 버려라. 사춘기의 학생들은 멋쩍거나 방법을 몰라서 하지 못할 수도 있다. 강사가 먼저 보여 주어야 한다. 그러면 학생들도 배울 것이다. 어학원은 지식만 가르치는 곳이 아니다. 문화도 가르치는 곳이다. 언어가 곧 문화다.

5. 배려는 실력향상의 첫걸음이다

학생들은 영어를 배우기 위해서, 실력을 향상하기 위해서 당신의 수업을 듣는 것이다. 어찌 보면 학생들 또한 당신처럼 사회에서 정해 놓은 제도권을 어쩔 수 없이 따라야 하는 운명이다. 정해진 교육정책을 따라서 공부할 수밖에 없다. 싫은 영어도 어쩔 수 없이 해야 한다. 적성이 무엇인지는 중요하지 않다. 학교에서 공부를 잘해서 명문 고등학교, 명문대학을 가는 게 정형화된 목표다. 어찌 보면 불쌍한 청소년기를 보내고 있다. 당신도 겪었고 나도 겪었다. 이들을 보살펴 주고 도와줄 사람은 강사밖에 없다.

강사는 학생들의 성적이 향상되도록 도와주어야 한다. 학생이 모르는 부분은 기꺼이, 친절하게 가르쳐 줄 마음의 준비가 되어 있어야 한다. 귀찮아하거나 짜증을 내서는 안 된다. 행여나 질문할 용기가 없어 몰라도 그냥 지나치는 학생들도 있다. 이럴 때는 친절하게 질문을 해야 한다. 읽기(Reading) 수업이라면 어렵고 중요한 문장을 해석하게 하여 구문을 잘 파악하고 있는지 점검해야 한다. 미흡하다면 그 학생의 감정이 상하지 않도록 자상하게 설명해 주어야 한다.

내가 텝스(TEPS) 수업할 때 소위 남들이 부러워하는 명문 고등학교 합격생들이 많았다. 하나고, 외고, 국제고, 한일고, 과학고 등의 합격생들이 고등학교 진학 전에 텝스(TEPS)를 들었다. 모두 영어 기초가 튼튼하고 공부 습관이 잘 되어 있는 학생들로 중학교에서 꽤 똑똑한 학생들이었다. 그런데 텝스(TEPS)를 공부하면서 학생들에게 난해한 구문들이 많이 등장했다. 나는 기회가 날 때마다 한 명 한 명의 단점을 바르게 잡아 주며, 고칠 수 있도록 격려와 용기를 주었다. 처음에는 학생들이 부끄러워하고 낯설어했다. 그런데 3개월 정도가 흘렀을 때 해석에 자신감을 느끼게 되었고 문장 구조를 파악하는 눈도 넓어졌다. 수업이 끝나는 마지막 날에는 수업 듣기를 잘했다고 하며 감사를 전하기도 했다. 한 학생은 그때 수업을 잘 들어서 고등학교에서 많은 도움이 된다는 메시지도 보냈다.

배려라는 것은 어렵지 않다. 도움이 필요한 사람을 도와주고 보살펴 주려는 마음이다. 강사는 학생들이 걸어가는 길을 먼저 걸어 본 사람이다. 당신이 도와주지 않으면 도와줄 사람이 없다. 학생은 당신을 고마운 존재로 기억할 것이고 당신은 배려의 아이콘이 될 것이다. 훗날 그 학생들도 배려하는 마음으로 누군가를 가르칠 것이다.

6. 다양성을 존중하자

　학생들을 가르치다 보면 다양한 성격의 학생들을 접하게 된다. 한 반이 15명이라면 15명 모두가 남, 여 가릴 것 없이 다 다르다. 어떤 학생은 너무 명랑해서 탈이고 어떤 학생은 호기심이 너무 많아서 문제다. 어떤 학생은 점수에 강박관념이 있어 문제고 어떤 학생은 소심해서 문제가 된다. 상상을 뛰어넘는 별의별 학생들이 모여 있다. 이 세상에 하나밖에 없는 고유한 별 중의 별들이 모여 있으니 이는 당연하다. 강사는 이럴 때 학생들을 인정하는 게 필요하다. 어차피 모두 같은 성격일 수가 없으므로 그 학생의 개성을 존중해야 한다.

　당신이 개성 있는 존재이듯 학생들도 그러하다. 수업 때 질문을 많이 하는 학생은 다른 학생들에게 피해가 가지 않도록 짬을 내어 한꺼번에 질문을 받으면 된다. 너무 명랑한 학생은 공통의 주제로 대화를 함께해 주면 좋아할 것이다. 테스트에서 1점을 잃어서 100점을 받지 못해 속상해하는 학생은 실수한 부분을 점검해 주면서 위로와 격려를 해 주면 된다. 공부에 정말로 관심이 없는 학생은 왜 공부해야 하는지 동기부여를 하면서 재미있는 일상 소재를 활용해서 설명하면 된다. 내성적인 성격으로 수업에 그냥 조용히 앉아 있는 학생은 조용히 있는 그 자체를 인정해 주면 된다. 자꾸 시켜서 남들보다 돋보이게 하면 그 학생은 상처받고 퇴원할 수도 있다.

　강사는 혼자서 다수의 학생을 상대해야 한다. 그들의 다양성을 인정하고 넓고 깊은 시각으로 바라보아야 한다. 수업에 들어가면 대충 성격이 나온다. 경험이 쌓이다 보면 각기 다른 개성의 학생들이 눈이 보이고 그들을 존중하는 방법도 깨닫게 된다. 그들의 개성을 존중할 때 그들도 당신의 개성을 존중할 것이다.

7. 사랑은 마음의 열쇠다

어릴 때 작은 강아지를 키운 적이 있었다. 그런데 말 못 하는 강아지가 신기하게도 누가 자신을 좋아하는지, 싫어하는지를 잘 알고 있다. 좋아하는 사람에게는 꼬리를 치고 쓰다듬어 달라고 머리를 내밀고 장난치며 따라다닌다. 그런데 싫어하는 사람에게는 냉소적으로 짖는다. 강아지가 이 정도인데 이성이 있고 말로 표현할 수 있는 학생들은 어떻겠는가.

세상 사람들은 모두가 사랑을 기반으로 태어났다. 남자와 여자가 호감을 느끼고 사랑하게 됨으로써 생명체가 유지된다. 부모가 자식을 조건 없이 사랑하고 자식도 부모를 헌신적으로 봉양하는 것이 기본 순리이다. 바로 사랑이 있기 때문이다. 가족 간에 서로 미워하고 증오한다고 해도 근본은 사랑에서 시작된 것이다. 사랑이 없는 미움도 없고 사랑이 없는 증오도 없다. 순간의 감정이 미움과 증오가 되는 것이다.

강사는 교육자로서 학생들을 사랑해야 한다. 사랑하는 마음으로 가르쳐야 한다. 인간에게 있어 언어는 사랑을 표현하는 가장 효과적인 방법일 수 있다. 그 언어를 가르치는 강사가 사랑하는 마음을 가지지 않는다면 학생들은 당신을 단순히 언어 전달 기계로 볼 것이다. 생명이 없는 존재로 인식할 것이다.

내성적이고 말이 없는 학생이 있었다. 아토피로 고생하고 있어 얼굴이며 손이며 보이는 곳은 모두 상처가 있고 피부조직이 메마른 사막처럼 보였다. 공부는 꽤 잘하는 학생이었다. 어머님과 통화를 해 보니 아토피가 있어 다른 학생들과 지내기 힘들어서 많이 내성적으로 되었으며 초등학교 때는 놀림도 당했다고 했다. 어머님의 바람은 다른 학생들과 함께 잘 지내고 대화를 할 수 있는 수업을 원하셨다. 그래서 나도 관심을 가지고 더 대화하려고 노력했다. 그 어머님이 바라는 것은 관심과 사랑이었다. 수업 때 정감 어린 질문과 대화를 시도했을 때 처음에는 낯설어했지만, 시간이 흐르면서 말도 하고 웃기도 했다. 어머님은 감사하다고 하며 학생이 즐거워야 한다고 했다. 큰 선물을 준 것도 아니었는데, 사랑하는 마음이 통했다.

사람은 오묘한 생명체이기 때문에 느낌으로 모든 것을 주고받는다. 같은 말을 해도 자신을 사랑하는지 싫어하는지를 알 수 있고 눈빛으로도 그 마음을 알 수 있다. 늘 내성적인 학생도 강사의 눈빛으로 바꿀 수가 있다. 몇 마디의 대화로 마음의 문을 열도록 할 수 있다. 다른 강사에게는 마음의 문을 닫고 있어도 당신에게만은 열 수 있다.

내성적이었던 그 학생과 온라인으로 연락도 하는 사이가 되었다. 내가 더 이상 가르치는 사이가 아니지만, 연락한다. 짧은 시간을 가르쳤지만 그런 친한 사이가 되었다. 내가 자리에 없다는 것을 발견하고 나의 존재를 모든 강사에게 물어보았고, 섭섭해하며 연락했다.

내가 특별한 사람이라서가 아니다. 사랑하는 마음을 알았기 때문이다. 남녀 간의 애틋한 사랑만이 사랑이 아니다. 사랑의 종류는 무궁무진하다. 당신도 사랑하는 마음으로 학생들을 가르쳐 보기를 바란다. 사랑은 없는 길도 만들어 낼 수 있다.

8. 재미있는 수업은 촉매제다

사람들이 개그 프로그램을 좋아하고 예능 프로그램을 시청하는 이유가 있다. 그 이유는 단순하다. 재미있고 즐겁기 때문이다. 잘 알려지지 않았던 배우나 가수도 예능 프로그램에 출연해 인지도가 올라간다. 그래서 '예능 대세'니 '예능돌'이니 하는 신조어가 생겼다.

수업을 잘하는 것 즉 실력이 우선이라고 앞서 얘기했다. 그것에 보태어서 재미있는 수업을 해야 한다. 그래서 수업의 효율성을 올릴 수가 있다. 수업 내내 웃기만 해도 효율은 없고 수업만 진지하게 해도 효율은 떨어진다. 학생들도 사람이다. 감정이 있다. 때로는 컨디션이 좋지 않을 수도 있고 때로는 안 좋은 일이 생길 수도 있고 몸이 아플 때도 있다. 강사가 이 모든 것을 일일이 파악할 수는 없다. 하지만 강사는 수업하다가 그런 분위기를 조금 감지할 수는 있다. 체육대회를 했거나 소풍을 갔다 왔거나 하는 등의 학교 행사가 있을 때 학생들은 들뜬 기분으로 놀고 싶어 하거나 피곤해서 기분이 가라앉을 수도 있다. 강사가 이럴 때 수업만 진지하게 하는 건 오히려 효율성을 떨어뜨리는 것이다. 고객의 마음을 모르는 것이다. 양보다는 질적인 수업이 중요하다. 이럴 때는 재미있는 수업을 해야 한다. 수업 주제를 통해서 유머를 창출하든지 학교 행사 때 있었던 얘기로 서로 대화하며 좋은 분위기를 유지하든지 해야 한다.

재미있는 이야기를 평소에 만들어 준비해 놓는 방법도 추천한다. 나도 2개 정도 가지고 있다. 학생들에 따라서 웃긴 얘기가 될 수도 있고 그냥 재미없을 수도 있다. 하지만 학생들의 분위기에 부흥할 수 있고 서로 그 분위기를 공감할 수도 있다. 학생들은 강사가 준비를 해 왔다는 것에 고마워한다.

자기 장기를 보여 줘도 좋다. 노래를 잘하면 그걸 웃긴 스타일로 바꾸어서 해도 좋고 동물 목소리를 내면서 연기를 보여 주어도 좋다. 연예인 얘기를 해도 좋다. 최근 인기 있는 아이돌에 관한 얘기도 좋고 드라마도 좋다. 영화도 좋다. 무엇이든 재미를 주고 분위기를 전환할 수 있으면 된다.

학생들이 웃을까, 재미있어 할까를 걱정하지 마라. 인간의 감정은 분위기에 편승하는 것이다. 나는 아무것도 아닌 새끼손가락 하나로 웃긴 적도 있다. 시도해라. 그들과 공감하고 있다는 것이 중요하다. 그럴 때 학생들과 더 친해질 수 있고 수업의 집중도도 높일 수가 있다. 당신의 유행어도 생길 수도 있다. 당신의 이미지도 바꿀 수 있다. 개그맨도 모두가 다 웃기는 건 아니다. 그들이 웃길 거라고 기대하기 때문에 우리는 웃는 경우가 더 많다. 당신도 인기 있는 강사가 될 수 있다. 수업도 잘하고 인기도 있다면 금상첨화다. 이게 바로 스타강사다. 재미있는 수업은 촉매제가 될 것이다.

9. 미소와 재치로 화를 극복하자

한 학생의 어머니는 영문과 교수지만 자녀를 어학원에 보낸다. 어머니는 집에서 직접 가르치면 되는데 왜 비싼 돈을 주면서 어학원에 보내는 걸까. 이는 본인이 바쁘다는 섬도 있지만 가르쳐 보니 서로 싸우게 되는 것이다. 왜 이런 것도 모르냐면서 어머니가 짜증을 내면 자녀는 감정이 상해 더 화를 내고 급기야는 서로 배우지 않거나 가르치지 않겠다고 하며 포기한다. 차라리 속 편하게 "모르는 사람에게 배워라." 하며 학원에 보낸다. 이곳에 숨어 있는 의도는 관계성이다. 서로 잘 알고 허물없는 말을 할 수 있는 관계가 오히려 가르치고 배우는 과정에서 걸림돌이 되는 것이다.

바로 이것이다. 물론 학원에 다니는 학생들, 모두가 이런 이유는 아니다. 하지만 여기서 당신은 알아야 한다. 강사는 학생에게 화를 내지 말아야 한다는 것이다. 집에서도 충분히 상처받을 만큼 받았기 때문에 학원에 온 것이다. 가정에서는 학원만큼 가르칠 수 없어서 온 것이다. 서로 감정싸움으로 시간과 에너지를 낭비하고 싶지 않아서 학원을 선택한 것이다.

그래서 강사는 수업에 있어 어떤 일이 있어도 화를 내지 말아야 한다. 이미 상처가 있는 학생들인데 학원에서마저 감정이 상한다면 더 이상 갈 곳은 없다.

요즘 학생들은 감정적으로 대하면 대할수록 멀어진다. 반항기가 심한 사춘기 시기이다. 질풍노도의 시기이다. 수업 때 행여나 강사의 감정을 상하게 해도 웃으면서 부드럽게 재치로 넘겨야 한다. 돌려서 말해야 한다. 그러면 학생은 그게 무슨 뜻인지 이해한다. 그곳에 내포된 의미를 깨닫게 된다. 결국 학생도 감정이 상하지 않고 강사도 큰일로 확대되는 것을 막는다. 학생이 잘못했어도 그 학생이 퇴원하면 강사에게는 손해다. 결국 나중에 "내가 좀 더 참을걸…." 하며 후회하게 된다. 그 학생이 엄청난 일을 저지르지 않고서는 좋은 관계를 유지하기 위해서 돌려서 말해야 한다. 낮은 톤으로 암시를 주어야 한다. 당신은 감정을 조절하는 법을 깨달아야 한다. 그 순간만 잘 넘기면 아무 탈이 없다. 그 학생도 어린 마음에 큰 의도 없이 그랬을 수도 있다. 다음 시간이면 다른 모습을 보여 줄 것이다. 그냥 미소와 재치로 넘기면 된다.

10. 유연한 사고방식을 갖자

학생들의 실력을 테스트하는 방법은 여러 가지가 있다. 단순히 배운 내용을 복습하는 방법으로 같은 문제를 낼 수도 있다. 같은 문법이지만 단어를 좀 변형해서 출제할 수도 있다. 같은 문법 유형이지만 자신이 가지고 있는 문제은행에서 출제할 수도 있다. 객관식으로 구성할 수도 있고 서술형으로 구성할 수도 있다. 즉석에서 문제를 내고 답하는 형식으로 테스트를 할 수도 있다. 방법은 다양하다. 단지 한 가지 방법으로 고수할 필요는 없다.

내가 텝스(TEPS) 어휘 시험을 볼 때 하루에 50개를 간단하게 우리말을 쓰는 문제를 낸 적도 있고 문맥을 유추하여 문장 속의 빈칸을 채우는 방법으로 본 적도 있다. 그런데 어느 날 학생들이 학교 행사와 수행평가로 미처 준비할 수 없었던 적이 있었다. 그래서 일단은 문제를 풀게 하고 출제된 모든 단어를 학생들이 충분히 고민했다고 느끼는 순간에 1분간의 오픈 북을 하겠다고 얘기했다. 학생들은 어떤 단어인지 알기 때문에, 빠르게 책에서 찾아서 적었다. 그렇게 하면서 그날 출제되었던 단어는 그들의 머릿속에 자리 잡았다.

단어 테스트 방법이 단순히 집에서 외워 온 것을 적는 방법만 있는 게 아니다. 테스트를 통한 활용 방법도 있다. 1분이라는 짧은 시간에, 빠르게 책을 살필 때 집중력은 최대가 되고 뇌의 능력은 극대화되어 그 단어를 기억하게 된다. 자극이 있거나 어떤 특정 사건이 있을 때 뇌가 활발하게 활동하여 얻은 기억은 쉽게 사라지지 않는 법이다.

이 방법은 학생들의 편의를 도모함과 더불어 실력도 향상할 수 있다. 경쟁심을 불러일으키기도 하고 긴장감을 주기도 한다. 또한 이를 재미있게 생각하는 학생들도 있다. 방법 하나 바꾸었을 뿐인데 효과는 엄청나다. 이는 다양한 과목에 다른 방식으로 활용될 수 있다. 중요한 건 어떤 방식이든지 학생들의 성적을 향상할 수 있어야 한다는 것이다.

그러기 위해서는 유연한 사고방식을 가져야 한다. 언어는 진화하고 발전한다. 언어를 가르치는 방식도 진화하고 발전해야 한다. 한 가지 방법을 고수하지 말고 창조적이고 능률적인 방법을 연구하고 도전하고 해야 한다. 당신 사고의 폭을 확장해라.

11. 규칙은 예외가 없다

수업하다 보면 자연스럽게 학생들과 친해진다. 서로 가르치고 배우는 스승과 제자의 관계가 성립되지만 우리는 근본적으로 사람이다. 사람이 서로 정을 나누는 것은 당연하다. 한 반이 15명이라고 가정할 때 모든 학생과 이렇게 가까워질 수는 없다. 학생의 성격에 따라서 친해지기도 하고 보통 사이로 지내기도 한다. 그런데 친해진 학생들의 경우에 문제가 생기기도 한다. 서로 친해지니까 테스트를 볼 때나 수업 중의 학생을 대함에 있어 중립이 깨지는 경우가 발생한다. 테스트를 본 후에 그 학생들은 조금만 봐달라고 하는 일도 있고 남아서 공부하게 될 때 다음에 잘 볼 테니 이번만 집에 가게 해 달라고 하는 일도 있다. 강사와 친하여서 편안한 존재로 인식해 친구와 떠들기도 하고 장난을 치기도 한다. 강사는 이럴 때 조금은 난감할 수도 있다. 강사도 사람이기에 친한 사이에 섣불리 강하게 하지 못한다. 하지만 어쩔 수 없다. 얘기해야 한다. "조용히 해야지"라든지 "누구에게나 공평해야 한다"라든지 하는 식으로 대화를 이끌어야 한다. 만약에 친하다는 이유로 한 번 두 번 다른 학생들과는 맞지 않는 특혜를 준다면 옆에서 보고 있는 학생들은 반감을 품게 될 것이다. 이렇게 되면 다른 학생들에게도 특혜를 주어야 한다. 결국 강사는 학생들을 통제할 수 없게 된다. 학생들 사이에서 공평하지 못한 강사로 소문이 나서 안 좋은 이미지가 생긴다. 친하더라도 처음부터 규칙을 예외 없이 적용한다면 학생들은 별말 없이 강사를 따른다. 마음이 약한 강사라도 수업 내에서는 공평해야 한다. 그래서 신뢰를 쌓아야 한다. 친절하고 자상한 것이 좋지만 한 교실 내에서는 다른 학생들을 모두 동등하게 대해야 한다.

12. 역지사지의 자세를 갖자

강사가 아무리 지식이 많고 공부를 많이 했더라고 아는 것과 가르치는 것은 다른 문제다. 그래서 아무리 지식이 많아도 강사가 되지 못한다. 왜냐하면 자신이 기본적으로 알고 있는 걸 "왜 다른 사람은 모르는 걸까?"라고 생각하기 때문이다. 상대방이 무엇을 궁금해하는지 모른다. 세상을 살면서 중요한 것은 상대가 무엇을 원하는지 아는 것이다. 이것이 사람의 마음을 얻는 비결이라고 생각한다. 세상의 모든 상품은 상대방을 위해서 기획되고 창조되었다. 고객의 관점에서 제품의 편리성을 고민한다.

강사는 지식이라는 상품을 고객에게 파는 것이다. 학생은 수강료를 내고 그 상품을 사는 것이다. 그렇다면 학생들이 무엇을 알고 싶어 하는지를 연구해야 한다. 수업 준비할 때 고민해야 한다. 그래서 학생이 알고자 하는 고민을 해결해 주려고 노력해야 한다. 강사가 알고 있는 노하우를 충분히 제공해야 한다. 또한 학생이 배운 부분을 이해하지 못했다고 해서 답답해하지 말아야 한다.

당신의 지난 시절을 되돌아보라. 당신도 배우는 과정이 있었다. 그 과정에서 시행착오를 겪었다. 대학교 다닐 때 전공수업을 들으며 이해하지 못했던 경험이 있을 것이다. 취미생활을 위해서 악기나 스포츠 등을 배우며 생각처럼 잘되지 않아, 실망한 적도 있었을 것이다. 왜 이렇게 어려운 것일까, 나는 바보인가, 내가 머리가 나쁜가 하고 생각도 해 보았을 것이다. 나도 당신도 세상 모든 사람이 그런 경험을 한다. 세상 모든 것을 다 아는 사람은 없다. 그래서 공부하고 배우는 것이다. 그렇기에 학생들을 격려하고 보듬어 주려고 노력하자. 학생의 처지에서는 더 답답할 것이다. 학생은 누구보다도 영어를 잘하고 싶어 한다. 높은 점수를 받아서 부모님께 칭찬받고 싶고 친구들에게 자랑도 하고 싶어 한다.

강사는 시간을 두고 공부하고 고민하고 연구했기에 가르치는 것이다. 학생들이 성장해서 당신의 나이가 되었을 때를 상상해 보자. 당신의 가르침을 바탕으로 당신보다 더 영어를 잘할 수 있다고 생각해 보자. 기쁘지 아니한가. 역지사지의 마음으로 학생을 바라보고 이해하고 가르치도록 노력해야 한다. 그럴 때 학생들도 상사의 관점에서 딩신을 바라보고 이해해 줄 것이다.

13. 1시간의 수업보다 30분의 동기부여가 중요하다

학생이 공부하는 건 당연하다. 영어를 잘해서 단기적으로는 내신을 잘 받고 장기적으로는 원하는 고등학교와 대학교에 가는 것이 목표일 수 있다. 그런데 공부하다 보면 좌절하는 순간도 있고 용기를 잃기도 한다. 자신감도 상실한다. 청소년의 시기에 유혹도 많다. 하고 싶은 것도 많다. 그래서 반항하기도 한다. 모든 걸 포기한다. 목적도 상실하고 인생에 회의하기도 한다.

학생들을 가르치면서 듣는 질문 중의 하나가 "왜 우리가 영어를 해야 하느냐"이다. 자신은 영어를 사용하는 직업을 선택할 마음도 없다고 한다. 자신은 수학이 더 좋다고 말을 한다.

학생들이 이런 마음을 갖는 것은 적절한 동기부여가 없기 때문이다. 사실 공부할 과목을 학생이 선택한 것이 아니다. 국가가 정해 놓은 과목을 따라야 하는 것이다. 이런 환경에서는 학생들에게 왜 공부해야 하는지를 깨닫게 해 주어야 한다. 자신감과 용기를 잃고 좌절하는 학생들에게 힘을 주어야 한다.

나는 책을 읽으며 동기부여를 받았다. 이는 학생들만의 문제가 아니다. 동기부여는 나이를 떠나서 모두에게 필요하다. 단지 처한 상황이 다를 뿐이다. 그래서 수업 중에 지쳐 있는 학생들이 많을 때는 동기부여를 해야 한다. 당신이 역경을 극복한 경우나 위대한 위인이 어려운 환경을 극복하고 성공한 이야기를 해 주면 도움이 된다. 현재 영어를 공부하면서 고민이 무엇인지 듣고 그 시절을 겪어 본 인생의 선배로서 조언해 주면 많은 도움이 된다.

한 어학원의 원장님은 정규적으로 학생들에게 직접 동기부여를 하셨다. 영어의 필요성부터 시작해서 힘들고 어려운 과정을 극복한 사람의 동영상을 보여 주며 격려하셨다. 학원에 다녔던 선배를 초청해서 경험담을 직접 들려주기도 했다. 짧은 시간일지라도 학생들에게 분명히 도움이 된다고 생각한다. 산 정상에 오르는 과정에는 고비가 있다. 가장 힘든 시기가 있다. 하지만 그 순간을 잘 넘기면 정상에 오를 수 있다. 그 역할을 강사도 할 수 있다. 당신의 동기부여가 학생들에게 힘이 될 수 있다. 1시간의 수업보다도 30분의 동기부여가 중요하다. 당신의 말 한마디가 몇억 원의 가치가 될 수 있다. 당신의 동기부여가 학생들의 삶도 바꿀 수 있다는 것을 명심하자.

14. 고마움을 표현하자

한창 자라나는 시기에는 모든 것을 다 잘 먹는다. 시간과 관계없이 배가 고프다. 나도 학창 시절 수업 중에 친구들과 라면을 부숴서 먹기도 했다. 점심시간이 되기도 전에 미리 도시락을 먹는 친구들도 있었다. 그때는 왜 그리도 먹었는지 모르겠다. 소화도 잘되었다. 지금은 많이 먹으면 소화가 안되어서 문제다. 그 시절로 돌아가고 싶다는 생각도 한다. 당신도 그랬을 것이다. 학생들이 바로 그때이다. 무엇이든 먹고 싶은 나이이다. 소화력도 좋고 식욕도 좋은 시기이다.

한 번은 내신 수업을 하는데 수업 시간이 11시부터 2까지였다. 수업 시간이 애매하다 보니 학생들은 잠시 쉬는 시간에 먹을 것을 가져와서 먹기도 했다. 12시 30분쯤이 되니 학생들이 힘들어하는 표정이 보였다. 점심을 먹지 못했기 때문에 힘이 없는 건 당연했다. 나도 처음 강사를 할 때는 힘들었지만 하다 보니 참는 것에 익숙해졌다. 나 역시 배가 고픈 건 마찬가지였다. 배가 고파도 조금만 참자고 말을 했는데 한 학생이 간식을 사 달라는 말을 장난으로 했다. 내가 인상이 좋아 보였는지 거리낌 없이 말을 했다. 어린 시절이 생각났고 또한 질적인 수업을 위해서는 무언가를 사 주는 게 맞다는 생각이 들었다. 그래서 수업 중에 초코파이와 음료수를 사 주었다. 내 수업을 듣는 고객에게 서비스한다는 차원에서 사 주었다.

나는 학생들에게 종종 간식을 준다. 시험에서 좋은 결과를 바란다는 격려의 의

미도 있고 테스트 성적에 대한 칭찬의 의미도 있다. 크리스마스를 기념해 초콜릿을 주기도 하고 새해 선물을 주기도 한다. 다양한 상황에서 다양한 간식과 선물을 준다.

나는 내 수업을 듣는 학생들이 고맙다. 작은 것이나마 보답하고 싶다. 서로 부담을 주지 않는 선에서 고마움을 전한다. 그리고 최선을 다해서 가르친다. 간식을 먹고 힘이 나서 수업의 질이 올라간다면 더 이상 바랄 것이 없다. 학생들에게 늘 감사하다. 당신도 고마움을 표현할 방법을 찾아보라. 큰 것이 아니어도 괜찮다. 학생들도 그 마음을 느낄 것이다.

15. 좋은 목소리는 금상첨화다

듣는 사람의 입장에서 생각하자

아침 뉴스를 볼 때마다 귀에 너무도 거슬리는 여자 아나운서가 있었다. 신입 아나운서였다. 아침 시간에 목을 쥐어짜는 느낌과 높은 톤으로 뉴스를 진행하는데 귀가 아파서 나는 채널을 돌렸다. 당신도 이런 유사한 경험을 해 보았을 것이다. 학창 시절 프로젝트 발표 날 발표자는 목에 핏대를 세워 가면서 열정적으로 설명하는데 도대체 무슨 말을 하는지 두서도 없고 귀에 들리지도 않고, 요점도 없는 소음으로 들린 경험이 있을 것이다. 누구나 한 번쯤 겪어 본 이야기다. 그래서 스피치 학원이 있는 것이다. 대중에게 연설하는 사람이라면 듣는 사람에게 최대한 좋은 목소리를 들려주어야 할 의무가 있다. 듣는 사람의 입장에서 생각해야 한다. 그래야 자신이 말하고자 하는 바를 효과적으로 전달할 수 있다. 이는 대통령, 정치인, CEO, 앵커 등 많은 사람 앞에서 말하는 직업에만 국한되는 것이 아니다. 강사에게도 해당한다. TV에 나오는 스타강사만 필요하다는 생각을 버려야 한다. 어학원 영어 강사도 여러 명 아니 수십, 수백 명의 학생 앞에서 지식과 노하우를 전달해 주는 직업이다. 학생들에게 부드러운 목소리, 편안한 목소리, 귀에 거슬리지 않는 목소리로 그들의 성적을 향상해 줄 의무가 있다.

교수발표회 때 이야기다. 동료 강사들 앞에서 자신의 수업에 대해서 피드백을 받는 날이다. 모두가 긴장하는 날이기도 하다. 자신의 수업을 동료에게 보여 주고 서로의 장단점을 논한다는 게 부담되기 때문이다. 이날은 모든 강사의 목소리를 들을 수 있다. 어떤 강사는 전달이 안 되고 어떤 강사는 귀에 잘 들어오는 걸 느낀다.

대체로 경력이 어느 정도 있는 강사들은 수업하면서 좋은 목소리는 아니어도 전달하는 데 무리가 없다. 하지만 경력이 짧거나 목소리에 대해서 큰 관심을 가지지 않았던 강사는 바로 표시가 난다.

교수부장이 강의했는데 정말로 들을 수가 없었다. 톤도 너무 높았다. 본인만 열정적이고 진지했다. 듣는 사람 입장에서는 학생들이 이해할 수 있을까 하는 생각이 들기도 했다. 동료 강사들이 직접 말은 못 하지만 같은 의견이었다. 경력이 많아도 관심을 가지고 노력하지 않으면 이런 상황이 발생한다. 강사는 평소에 자신의 목소리에 관심을 가져야 한다.

갈고닦으면 달라진다

누군가는 자신이 태어날 때부터 가지고 온 목소리를 어떻게 변화시키느냐고 물을 수 있다. 선천적이기 때문에 달라질 수는 없다고 생각하지만 노력하면 달라질 수 있다는 게 나의 생각이다. 서점에 가 보라. 목소리 관련 서적이 얼마나 많은지 알 수 있다. 목소리를 100% 바꾸는 건 불가능하다. 성우조차 기본적인 자신의 목소리에 변형을 가하는 것이다.

최대한 더 부드럽고 호소력 있는 목소리로 바꾸려고 노력해야 한다.
중저음의 낮은 목소리가 듣기에 좋은가 아니면 높은 톤의 목소리가 더 듣기 좋은가. 영화배우 이병헌, 정우성 등의 목소리를 들어 보자. 대부분의 사람이 좋아하는 목소리다. 당연히 대사의 전달력도 뛰어나다.

배울 수 없다면 책을 사서 노력하자. 자신의 직업 특성상 필요하다면, 영어 강사가 되기로 다짐했다면 노력해야 한다. 타고나지 못했다면 노력해야 한다. 노력해서 더 갈고닦는 것이다. 완벽해지려고 노력해야 한다. 자신만의 프라이드에 갇혀 있지 말고 도전해야 한다.

좋은 목소리는 세상 어느 곳에서나 필요하다. 일상생활의 의사소통에서 중요한 세미나에 이르기까지 좋은 작용을 할 수 있다. 목소리에 관심을 가진다면 발음, 발성, 효과적인 언어 전달 방법(포즈, 강조, 억양 등)도 배우면 도움이 된다. 전달력은 단지 소리의 문제가 아니다. 위의 모든 것이 결합할 때 극대화되는 것이다.

목소리의 크기를 조절하자

목소리의 크기에 대해서 오해하고 있는 사람들이 있다. 목소리가 크다고 수업을 잘한다고 착각하는 원장, 관리자 그리고 강사들이 있다. 그 교실에서 수업을 듣지 않고 강의실 밖으로 흘러나오는 소리로만 평가한다. 소리가 크면 수업을 열심히 하는구나 하고 생각한다. 이를 검증하려면 그 강사가 가르치는 학생들의 성적이 다 향상되었는가를 보면 된다. 결과는 그렇지 않았다. 왜냐하면 소리의 크기라는 것이 성적과 비례하지 않기 때문이다.

소리의 크기는 장소에 따라서 강약을 조절해야 한다. 큰 강의실에서 많은 학생을 두고 수업한다면 당연히 멀리까지 들려야 하니까 좀 더 크게 해야 할 필요가 있다. 물론 발성이 되는 사람이라면 크게 하려고 억지로 노력하지 않아도 잘 전달할 수 있는 소리가 나올 것이다. 그렇지 않은 사람이라면 마이크를 사용하든가 아니면 거리감을 생각해서 평소보다 더 크게 소리를 내야 한다. 작은 강의실에서 학생과의 거리가 가까우면 당연히 작은 소리로 가르쳐도 되는 것이다. 크고 작은 소리로 그 사람의 강의력을 평가하는 건 옳지 않다.

따라서 효과적인 전달 방법은 강의실의 크기에 따라서, 거리에 따라서 조절하면 되는 것이다. 강조를 위해서 때론 크고 작은 음성을 번갈아 가면서 활용하면 수업의 집중력을 향상할 수도 있다.

16. 진정성 있는 상담을 하자

적합한 시점에 미래를 제시해 주자

강사라면 학부모와 상담해야 한다. 청소년기의 학생들이기 때문에 학부모는 학생들이 학원에서 잘 배우고 있는지, 미래 가능성이 있는지 등을 알고 싶어 한다. 학생들이 어머니께 모든 것을 얘기하지 않는 경우가 많기 때문이다. 학부모와의 상담은 그 학생을 가르쳐 보고 충분히 분석한 후에 전화 상담 또는 대면 상담을 하는 것을 권한다. 학생에 대해서 잘 모르면서 형식적인 상담 전화를 추천하고 싶지 않다. 단순히 인사를 하는 차원보다는 성적 관리, 학원 생활, 부족한 점, 공부 방향 등을 심도 있게 분석해서 미래를 제시해 주어야 한다고 생각한다.

어떤 학원은 툭하면 상담 전화하라고 종용하는데 이는 올바른 방법이 아니라고 생각한다. 학부모는 바쁜데 별일 아닌 걸로 전화하는 걸 좋아하지 않는다. 그리고 오히려 거부감을 느껴서 받지 않는 때도 있다.

나는 3개월을 한 학기 수업이라고 가정할 때 2달째 될 때 전화를 하는 게 맞는다고 생각한다. 내 경험상 이 시점이 그 학생에 대해서 어느 정도는 알 수 있는 시점인 거 같다. 3개월이 지나면 레벨 테스트로 인해 반 편성이 다시 이루어지기도 하고 강사가 바뀔 수도 있기 때문이다. 이러한 이유로 이 시점이 학생 관리 측면에서도 적합하다고 생각한다. 그리고 이때쯤이 되면 학생은 강사의 인성이나 수업적인 부분 등을 판단해서 부모님께 조금이나마 언급했을 때이다. 전화 통화를해 보면 어머님이 자녀로부터 전해 들은 바를 얘기하신다. 당신이 수업에 최선을 다했다면 좋은 이미지로 학부모님께 전해져 대화가 시작부터 잘 풀린다. 감사하다고 선물을 사서 오시는 때도 있다.

정직한 상담을 하자

부모님들이 바빠서서 대부분 전화 상담을 한다. 상담은 40분 안쪽이 적합하다고 생각한다. 너무 길어도 느슨하고 지루하게 느껴지고 짧아도 성의가 없어 보인다. 부모님이 바쁘시다면 짧게 요점만 전달해 드려야 한다. 바쁘신 부모님과 길게 얘기하는 것은 고객에 대한 예의가 아니고 자칫 이미지가 나빠질 수가 있다. 앞서 제시한 대로 성적이나 학원 생활, 장단점, 공부 방향들을 말씀드리고 반드시 질문을 받아야 한다. 과장하지 않고 있는 그대로 말씀을 드리자. 공부할 필요성이 있는 학생에게는 공부를 좀 더 열심히 해야 하는 것과 그에 따른 공부 방향을 제시해 주어야 한다. 학원의 영업상 포장해서 말하지 말자. 어차피 부모님은 자기 자녀에 대해서 이미 다 알고 계신다. 많은 학원을 어릴 때부터 보내셨다. 정직하게 말씀을 드리고 현실을 직시하시는 편이 낫다고 생각한다. 괜히 학생이 퇴원하거나 자칫 자신이 유능하지 않은 강사로 비칠까를 우려해서 거짓 상담은 하지 말자.

공감하자

반드시 학부모와 진심으로 대화를 나눈다고 생각하고 상담해야 한다. 때로는 부모님이 이런저런 가정사에 대해서 말하기도 하며 학원에 대해 불만을 말하기도 할 것이다. 적합한 교재를 선택해 주기를 바라기도 하고 과외를 원하기도 하실 것이다. 원하지 않는 주제가 아닐 수도 있다. 그런데 여기서 명심해야 할 사항이 있다. 최대한 공손하고 겸손하게 받아들이면서 동조해야 한다는 것이다. 확실한 해결책이 없는 때도 있고 내가 도와드릴 수 있는 범위 밖의 질문도 있을 수 있다. 그렇지만 고객의 입장을 생각하고 들어주고 공감해 주는 것만으로도 충분히 상담의 효과 있다.

입사할 때 상담사 자격증을 보유하고 있는지를 물어보는 학원도 있다. 상담이 그만큼 중요하기 때문이다. 학부모와 접촉할 수 있는 중요한 순간이기 때문이다. 사실을 얘기하고 방향을 제시해 주고 공감 어린 대화를 한다면 충분히 학부모도 감사하게 생각할 것이다. 모든 학원에서 형식적인 상담을 했을지라도 당신과는 진정성 있는 진짜 상담했다고 생각하실 것이다. 고객이 만족할 때 당신을 믿고 오랫동안 자녀를 맡길 것이다. 교육의 든든한 동반자라고 생각할 것이다.

17. 인정하면 발전한다

내신 대비 수업 시간에 교과서 본문을 자세하게 설명해 주고 있었다. 그런데 한 학생이 질문했다. "여기에 쓰인 ing형태가 동명사예요?, 현재분사예요?"라고 물었다. ing형태와 명사가 함께 쓰였을 때 현재분사인지 동명사인지 구별하기가 조금은 애매할 수가 있다. 나는 이것을 당연히 현재분사라고 학생에게 얘기해 주었다. 그런데 다른 학생이 동명사라고 학교에서 가르쳐 주었다고 말을 했다. 순간 깊은 생각 없이 나의 생각이 맞는다고 말을 하며 현재분사로 기억하라고 했다. 왜 그런지도 설명해 주었다. 학생들은 나의 설명이 맞는다는 듯 고개를 끄덕였다. 수업은 그렇게 끝이 났지만, 그 기억은 내 머릿속에서 떠나지 않고 맴돌았다. 동명사에 초점이 맞춰져서 생각에 생각을 거듭했다. 다음 날 순간 동명사일지도 모른다는 생각이 머릿속에 떠올랐다. 그래서 다시 문법책을 보고 원리적으로 살펴보니 동명사 쪽이 더 가깝다는 결론을 내렸다. 그리고 생각은 동명사로 굳혀졌다. 개정교과서이고 흔히 문법 교재에 나오지 않았던 흔한 문구가 아니어서 나도 착각을 한 것이다. 순간 내가 실수했구나, 하는 생각이 들었다. 하지만 이 일로 내가 크고 중요하게 생각하지 않았던 문법을 더욱더 심도 있게 학생들에게 가르치게 되었다. 오히려 학생들에게 주의해야 할 구문으로 가르쳐 주게 됨으로써 수업의 콘텐츠 하나를 더 가진 셈이 되었다. 내가 더 발전할 수 있는 계기가 되었다.

원숭이도 나무에서 떨어진다는 말이 있다. 세상에 아무리 뛰어난 학자도 모든 것을 알 수는 없다. 강사도 마찬가지다. 수업하다 보면 실수하는 일이 생긴다. 중요한 건 실수로 인한 창피함이 아니다. 인정을 하는 것이 중요하다. 인정하는 만큼 당신도 발전할 수 있다. 강사도 늘 배우고 공부하며 깨닫는 것이다. 완벽한 강사는 없다. 시행착오를 겪으며 만들어지는 것이다.

18. 시선은 시선을 당긴다

소극장에서 연극을 본 적 있다. 배우가 무대에서 연기를 하는데 고개를 위로 올려서 생각하듯 시선을 고정했다. 그러자 배우의 시선을 따라 나도 모르게 배우가 바라보는 쪽을 향해서 시선을 고정했다. 나만 그런 게 아니라 객석에 있는 모든 사람이 한곳을 바라보았다.

그리고 손짓하며 상대 배우를 쳐다보자 나도 그 상대 배우를 따라서 보게 되었다. 눈을 좌에서 우로 돌리는 순간 나의 시선도 멈추지 않고 움직였다.

나는 강사도 배우의 입장과 다르지 않다고 생각한다. 장소가 다를 뿐이지 역할은 같다고 생각한다. 배우는 강사가 되는 것이고 관객은 학생이 되는 것이다. 강사가 수업 때 어디를 쳐다보느냐에 따라서 학생들의 시선도 달라진다. 강사는 칠판을 보며 가르치기도 하고 학생 한 명 한 명을 보며 가르치기도 한다. 때로는 교재를 보기도 한다. 이때 학생의 시선과 관심은 강사의 시선이 자리 잡는 곳으로 향하게 된다.

이걸 역으로 말하면 강사가 이리저리 어지럽게 눈을 돌리는 순간 학생들의 시선도 함께 어지러워진다는 것이다. 사람의 시선 처리가 산만하면 그만큼 자신감이 없어 보인다. 땅을 쳐다보는 것은 더욱더 자신감이 없어 보인다. 학생의 중심 시선은 강사에게로 향해 있다. 강사는 시선을 한곳에 고정해야 한다. 칠판, 학생, 교재, 시계 등 상황에 따라 달라질 수 있다. 산만하지 않은 고정된 시선으로 바라볼 때 강의는 더 효율적이다. 학생에게는 안정감과 신뢰성을 준다.

우리가 아무렇지 않게 생각하는 평범함 속에 다이아몬드가 숨어 있는 것이다. 최고의 강사는 학생과 함께 같은 곳을 바라보는 사람이다.

19. 드레스코드가 존재를 바꾼다

　내가 허름한 운동복이나 청바지와 티셔츠를 대충 입고 상점에 갔을 때와 단정한 와이셔츠와 양복바지를 입고 갔을 때 상점 점원의 태도는 각기 다르다. 허름한 운동복이나 청바지에 티셔츠를 입었을 때 점원은 그리 친절하지 않은 말투로 나를 대한다. 때로는 내가 들어와도 점원은 인사도 없다. 그냥 소가 닭을 보듯이 한다. 하지만 와이셔츠와 양복바지를 입었을 때 점원은 들어올 때부터 관심을 보인다. 나갈 때까지 친절하게 사람을 응대한다. 이런 일은 병원, 호텔, 식당 등 다양한 곳에서 발생한다. 나뿐 아니라 당신도 이런 경험을 했을 것이다.

　나폴레옹은 "사람은 그가 입은 제복대로의 인간이 된다."라고 했고 데쯔시후쿠시마는 "좋은 인상을 주는 패션은 당신 자신의 브랜드 이미지를 높여 준다."라고 했다. 그만큼 옷은 당신을 알려 주는 창구(窓口)이다.

　내가 처음 강사를 할 때는 어린 마음에 모자를 쓰기도 했다. 청바지와 티셔츠를 입고 다니기도 했고 유행 따라 건빵바지나 힙합바지를 입기도 했다. 강사로서의 경력이 쌓였을 때는 단정한 세미 정장으로 스타일에 변화를 주었다.

　그런데 내가 변화를 주게 된 계기는 위에서 얘기한 대로 복장이 나의 이미지를 결정하기 때문이다. 복장의 변화에 따른 학생들의 태도를 살펴보니 확연한 차이가 있었다.

　청바지와 티셔츠는 어린 학생들과 부담 없이 어울릴 수 있어 가까워질 수 있었다. 학생들은 나의 존재를 가볍게 생각했다. 아니 그저 편안한 존재로 인식했다. 이는 주변에서 과외를 하는 대학생과 비슷한 존재감이다. 한편 와이셔츠를 입은 세미 정장 스타일은 학생들과 함께 부담 없이 어울리기에는 다소 어려웠다. 하지만 나의 말을 진지하게 받아들였다. 세련되고 전문성이 있는 강사로 바라보았다. 수업에서 내가 하는 농담도 믿으려고 했다. 그만큼 신뢰감이 느껴진다는 것이다.

　어떤 복장이든 장단점을 가지고 있다. 강사라면 복장을 적절히 활용해야 한다. 가끔은 청바지와 티셔츠로 편안하고 가까운 존재가 되고 때로는 정장으로 전문성과 신뢰성을 높여야 한다.

20. 상대적인 관점을 가져라

노총각 노처녀에게 "눈을 낮추어라, 눈이 너무 높아 결혼을 못 한다."라고 말을 한다. 이 말은 절대적이 아닌 상대적인 개념이다. 사람마다 이성을 보는 기준이 다르기 때문이다. 두 사람이 같은 이성을 보아도 바라보는 관점이 다르다. 강사도 마찬가지다. 강사는 학생들을 절대적이 아닌 상대적인 관점으로 바라보아야 한다.

내가 높은 레벨의 학생들만을 주로 가르치다가 방학 특강으로 낮은 레벨의 학생들에게 문법을 가르친 적이 있다. 더욱이 이 반은 초등학생도 함께 포함되어 있었다. 처음에는 늘 하던 대로 학생들에게 용법을 설명해 주었다. 첫 시간에는 학생들의 수준을 자세하게 파악할 수가 없었다. 다음 시간에 테스트하고 알 수 있었다. 이 학생들은 내가 늘 가르치던 그 학생들의 수준이 아니었다.

나는 학생들을 대하는 방식을 바꿔야겠다고 생각했다. 초등학생은 초등학생의 마음으로 응대하고 중학생은 중학생의 마음으로 응대하기로 마음먹었다. 또한 그 안에서도 실력 차가 있는 만큼 교수법도 다르게 해야겠다고 생각했다. 비슷한 레벨이어도 기초가 잘 되어 있는 학생과 그렇지 않은 학생이 있기 때문이다. 이런 원칙으로 자리 배치도 다시 했다. 이렇게 하니 내가 가르치기도 수월했고 학생들도 반응도 좋았다. 특강이 끝날 무렵 테스트 성적이 모두 향상되었다.

강사는 관점의 이동이 자유로워야 한다. 학력(초등학교, 중학교, 고등학교, 성인)에 따라, 실력에 따라 그에 맞는 합리적 방법으로 가르쳐야 한다. 또 학력과 실력이 비례하지 않기에 그 내부에서 초급, 중급, 고급으로 세분화하여 교수법을 정해야 한다. 주어와 동사도 모르는 사람에게 영작 수업은 무의미한 것이다. 학생의 수준에 맞는 수업이 효율적이고 가치 있는 수업이다.

21. 사각형을 연구하라

어학원은 분필을 사용하는 대신에 마커를 사용한다. 그래서 파란 칠판 대신 사각형의 화이트보드를 사용한다. 강사에게 있어 중요한 것은 판서이다. 화이트보드에 어떤 내용을 적느냐는 매우 중요하다. 그래서 사각형을 어떻게 사용할까를 고민해야 한다. 어학원마다 화이트보드의 크기가 다르다. 초등학생의 경우 작은 편이고 중등부부터는 큰 보드를 사용한다.

강사마다 화이트보드를 다양하게 사용한다. 어떤 강사는 세로로 4등분 하여 사용하기도 하고 어떤 강사는 가로로 2등분 하여 사용하기도 한다. 또 어떤 강사는 가로세로 6등분 해서 사용하기도 한다. 어떻게 사용하든 이건 당신의 자유다. 하지만 이는 어떤 과목이고 어떤 학생들이냐에 따라서 달라져야 한다.

예를 들어 토플(TOEFL) 읽기(Reading)를 가르친다면 한쪽은 새로운 어휘(Vocabulary)를 적어야 한다. 중간은 도식화를 위해서 주제(Title, Main Idea)를 적는 부분으로 나누어야 한다. 그리고 다음 칸은 주제에 따른 세부 사항(Supporting Detail)을 정리하는 부분이 되어야 한다. 그리고 수업이 끝날 때 과제(H/W)를 적어 주는 부분도 있어야 한다. 이렇게 하려면 세로로 4등분을 해야 한다. 여기서 각 단락(Paragraph)을 보기 쉽게 나눈다면 중간 부분은 아래 그림처럼 가로로 4등분을 더 해야 한다. 이에 더해 색깔 마커로 중요사항을 적거나 밑줄을 친다면 요점이 눈이 더 잘 들어올 것이다. 아니면 구분 선을 색깔 마커로 선을 나눈다면 일목요연하게 보일 것이다. 하지만 너무 화려한 것은 학생들을 더 어지럽게 할 수 있으니 주의해야 한다.

Vocabulary	1st Paragraph (Title, Main Idea)	1st Paragraph (Supporting Detail)	H/W
	2nd Paragraph (Title, Main Idea)	2nd Paragraph (Supporting Detail)	
	3rd Paragraph (Title, Main Idea)	3rd Paragraph (Supporting Detail)	
	4th Paragraph (Title, Main Idea)	4th Paragraph (Supporting Detail)	

판서에도 정답은 없다. 하지만 어떻게 하면 학생들이 효과적으로 정리할 수 있을까, 더욱더 쉽게 이해할 수 있을까를 고민해야 한다. 잘 가르치기도 하고 정리도 잘해 준다면 최고의 수업이 될 것이다.

제7장

미래를 설계하라

1. 시작부터 달라야 한다

어학원에서 일하면서 자신의 미래를 설계해야 한다. 미래를 설계하지 않고 경력만 쌓아서는 이 분야에서 성공할 수 없다. 어학원이라는 곳도 회사의 개념을 벗어날 수 없다. 회사에 사장이 있다면 어학원은 대표 또는 원장이 있고 회사에 직원이 있다면 어학원은 강사가 있다.

당신이 어학원에서 얼마나 일을 할 수 있다고 생각하는가. 강사의 계약기간은 암묵적으로 1년이다. 물론 별 탈 없이 지내면서, 더 오래 일하고 싶다면 원하는 만큼 일을 할 수 있다.

대형어학원에서 7년 동안 일하다가 승진해서 원장으로 일하고 있는 강사도 있고 1, 2년 근무하다가 더 좋은 곳으로 이직하는 강사도 보았다. 또는 자신만의 사업을 하고 싶어서 동네 작은 학원을 설립하여 운영하는 강사도 있다. 또한 공부방을 운영하는 강사도 있다. 그런데 이 모든 것이 가능했던 것은 어학원에서 경력을 쌓았기 때문이다.

당신은 어학원에서 근무하기 전부터 가고자 하는 방향을 설정해야 한다. 그러면 하루하루 근무하는 자세, 학생들을 대하는 태도 그리고 어학원에서 일어나는 크고 작은 일을 바라보는 관점이 달라질 것이다. 당신의 미래를 시작부터 설정해놓고 전진해야 한다. 목표를 설정할 때 남들보다 더 빨리 성공할 수 있다. 이것이 당신이 시작부터 달라야 하는 이유다.

2. 확실한 커리어를 쌓자

성과로 이직을 대비하자

현재 근무하는 학원에서 좋은 성과를 올려 1, 2년 후에 조건이 더 좋은 곳으로 갈 것이라고 정하는 것이다.

그냥 하루하루 아무 생각 없이 일하다가는 어학원에서 퇴사하게 되었을 때 그냥 멍하니 하늘을 바라보아야 하는 경우가 생긴다. 이직을 하려니 전 어학원에서 특별한 성과가 없어 조건이 비슷한 어학원에서 일해야만 한다. 이럴 때 오히려 새로운 스타일에 적응하느라 힘들고 더욱이 이전 학원보다 시스템이 체계적이지 않으면 더 힘들 수가 있다.

내가 대형어학원에 있다가 그보다 작은 어학원에 갔을 때 모든 것을 수작업으로 해야 하고 시스템이 대형어학원보다 체계적이지 못해서 힘들었던 기억이 있다. 연봉도 대형어학원보다 더 받을 수는 없었다. 그렇게 지내다 보면 학원만 옮겨 다닐 뿐 갈수록 더 힘들어진다.

어떤 어학원은 연봉이 높으면 잡무와 수작업이 많고 잡무와 수작업이 적으면 연봉이 낮아서 생활하기 힘들게 된다. "여기는 이게 문제고 저기는 저게 문제다."라는 말이 나온다. 이런 악순환을 거치다 보면 많은 이직이 결점이 되어 다른 학원에서도 받아 주지 않는다. 그러면 결국은 이 분야에 대해 회의를 느끼게 되는 안타까운 상황에 부닥치게 된다. 내가 이런 기분을 느껴 본 경험이 있어서 당신에게 얘기하는 것이다. 그래서 이력서에 아예 경력을 쓰지 않는 경우도 발생한다. 당신은 이런 상황에 부닥치지 않기를 간곡하게 바라는 바이다. 그래서 현재 어학원에서 일하면서 자신을 내세울 수 있는 성과를 쌓아야 한다. 이력서에 한 줄이라도 더 내세울 수 있는 사항을 만들어야 한다.

경쟁력을 키워 도약하자

하루하루 미래를 생각하며 보내야 한다. 1, 2년 후에 자신의 실력을 키워서 TOEFL, TEPS 등 어학원에서 선호하는 과목을 무리 없이 잘 가르칠 수 있거나, 특목고 같은 특정 분야의 학생을 지도해 보거나, 설명회, 박람회 등을 진행하거나 하는 확실한 경력을 쌓아야 한다. 자신을 성장시켜야 한다.

일반적으로 학교 수준의 문법(Grammar)과 읽기(Reading)를 가르친 것으로는 경쟁력 있는 강사가 될 수 없다. 이는 어학원 강사라면 누구나 다 가르칠 수 있는 수준이다.

자신이 교포나 유학파가 아니라면 더더욱 경쟁 사회에서 살아남기 힘들다. 앞으로 어학원은 교포나 유학파가 대세가 될 것이다. 갈수록 교육열이 높아짐에 따라 영어 수준도 올라가고 있다. 학부모들의 수요도 교포나 유학파로 흐르고 있다. 순수 국내파가 설 자리가 점점 좁아지고 있다. 그래서 당신의 무기를 개발해야 한다.

당신이 경쟁력이 있다면 당신도 스타강사로 도전할 수 있다. 억대 연봉을 받을 수도 있다. 이름만 들어도 알 수 있는 유명한 스타강사로 발돋움할 수 있다. 당신이 미디어에 노출되는 것을 꺼리지 않는다면 얼마든지 당신의 연봉을 올릴 수 있고 당신을 알릴 수 있다. 당신의 회사를 설립하여 교재를 출판하고 판매할 수도 있다. 당신도 할 수 있다. 그들이 했는데 당신은 왜 못하는가. 도전하면서 배우는 것이다. 학원에 매일 출근해서 수업 준비, 잡무, 상담 등에 시달리는 대신 자신의 동영상을 찍고 판매하면서 여유 있는 생활을 즐길 수 있다. 학원보다 더 많은 수익도 올릴 수 있다. 당신도 브랜드가 될 수 있다.

어학원은 타인의 회사이다. 당신의 어학원이 아니다. 언젠가는 그만두어야 한다. 나이가 들면 갈 곳이 없어질 수도 있다. 입사한 지 1, 2년밖에 안 된 직원도 희망퇴직을 시킨다는 뉴스 기사도 보았다. 그래서 확실한 커리어를 쌓아야 한다. 경쟁력을 키워야 한다. 그렇게 될 때 조건 좋은 학원으로 이직도 할 수 있고 승진도 할 수 있다. 밝은 미래를 향해 나아갈 수 있다.

3. 경영자가 되려면 자격을 갖추자

주인의식을 갖자

미래를 설계하는 다른 방법은 차근차근 직급을 밟아 올라가서 관리자 즉 경영자 쪽으로 설정하는 것이다. 이 길의 최종 목표는 원장(대표)이다. 그 학원이 대형 어학원이고 전국에 지점을 두고 있다면 그 학원의 원장을 하거나 아니면 독립적으로 그 학원의 이름을 가지고 어학원을 경영할 수도 있다.

경영하려면 주인의식을 가져야 한다. 학원에서 일어나는 모든 일에 대해서 적극적으로 나의 학원이라는 개념으로 받아들여야 한다. 그렇지 않다면 오랫동안 학원에서 일하기가 힘들다. 작고 사소한 일도 나의 학원이라는 생각으로 임해야 하며 설령 문제가 있다면 고치고 나아가려고 해야 한다. 부족한 부분은 다른 사람들에게 배우고 노력하면서 전진해야 한다. 그렇게 오래 일하다 보면 자연스럽게 사람들이 바뀌게 되고, 자신이 어느덧 학원에 대해서 가장 잘 아는 사람이 되어 있을 것이다. 선임 강사나 팀장, 교수부장 등으로 직급이 올라가게 된다. 그러면서 관리자로서 능력을 발휘하고 인정받게 되면 원장이 될 수도 있다. 인내와 노력이 필요하다. 이 모든 것은 주인의식을 가지고 멀리 바라볼 때 가능하다.

경영자의 입장에서 바라보자

처음 시작부터 목표를 정하고 하루하루의 삶을 바라보아야 한다. 자신이 경영자가 되었을 때를 가정하여 경영방침을 준비해야 한다. 자신이 원장이라면 어떤 새로운 시도를 할 것이고, 어떻게 강사를 관리할 것이고, 수익 증대를 위해 어떤 프로그램을 기획하고 실행할 것인지를 고민해야 한다. 원장 직급만 있다고 해서 모든 것이 바로바로 이루어지는 것이 아니다. 원장이라는 자리는 강사라기보다는 경영자이다. 경영자의 관점에서 바라보아야 한다. 개인의 이익보다는 전체의 이익을 위해 움직여야 한다. 개인의 사사로운 감정에 휩쓸리지 말아야 한다. 중립적으로 받아들여야 한다. 나는 큰 사람만이 경영을 할 수 있다고 생각한다.

A 원장은 학생을 한 번도 가르쳐 본 적이 없다. 상담부실장으로 학부모 상담과 등록 절차만을 주로 하다가 본사의 지침에 따라서 원장이 되었다. 원장이 되고 1년 동안 한 일은 CCTV로 강사를 감시하거나 등록률이 높지 않은 강사를 억압하

여 퇴사시키는 것이었다. 또한 수익률 증가 방안이 없어 출근해서 퇴근할 때까지 하부모와의 상담 전화로 불편 사항만 접수했다. 원장은 강사 경험이 없다 보니 강사를 하는 일 없이 편하게 월급만 받는 직원으로 취급했다. 강사 경험이 없는 사람을 경영자의 자리에 발령을 낸 인사팀의 문제도 있지만 그는 기본적으로 경영자의 마인드가 없었다. 학생 수가 갈수록 줄어들고 수익률도 떨어지자 임시방편으로 운영비를 맞추기 위해 간접적인 억압으로 강사 7명을 퇴사시켰다. 자발적 퇴사이지만 실상은 원장의 종용에 따른 퇴사이다. 개인적인 감정을 드러내서 연봉을 동결시키기도 했다. 후임 원장에게까지 극히 개인적인 감정으로 강사 평가를 전달해 선입견을 가지게 했다.

이런 원장은 정말로 원장의 자격이 없다. 그래서 원장의 자리 즉 경영자의 위치는 아무나 할 수 있는 자리가 아니다. 직급을 남용해서 직원을 괴롭히면 성과가 올라간다고 생각하는 원장은 자격이 없다.

개개인의 장점을 보고 그것을 활용할 줄 아는 사람이 되어야 한다. 완벽한 사람은 없다. 개인의 사사로운 감정으로 모든 사람을 대한다면 함께 일할 사람은 없을 것이다. 배의 방향은 선장이 정하는 것이다. 학원의 방향은 원장이 정하는 것이다. 그를 따르는 수많은 강사가 있다. 배의 방향에 대해 책임을 져야 하는 자리이다.

시작부터 당신의 미래를 설계하자. 경영자가 되려면 경영자의 위치에서 하루하루를 바라보고 연구해야 한다. 원장이라고 경영자라고 다 같은 사람은 아니다. 준비된 자만이 그 위치에 섰을 때 실력을 발휘할 수 있다. 인성도 갖추어야 하고 실력도 갖추어야 한다. 미래를 바라보는 통찰력도 있어야 한다. 도전정신도 있어야 한다. 이럴 때 어학원도 발전하고 당신도 존경받는 경영자가 된다. 경영자의 관점에서 하루하루 바라보기를 바란다. 강사의 관점에서 바라보고 행동하는 것과 경영자의 관점에서 바라보며 행동하는 것에는 분명한 결과의 차이가 있다. 현명한 선택으로 당신의 미래를 꽃피우기를 바란다.

4. 억대 스타강사로 성공하라

왜 스타강사가 되려고 하는가?

미래를 설계하는 방법 중의 또 다른 하나는 자신이 유명해지는 것이다. 배우나 가수처럼 자신이 직접 화면 속의 주인공이 되어 언제 어디서나 필요한 학생들에게 자신의 강의를 매체를 통해서 보여 주는 것이다. 다시 말해, 자신의 수업 영상을 촬영하여 이를 상품화하는 것이다. 메가스터디, EBS 교육방송 등 다양한 동영상 교육 사이트나 어학원에서 온라인과 오프라인을 병행하면서 가르치는 것이다. 자신의 영상을 촬영하여 필요로 하는 학생들에게 지식과 노하우를 전달해 주는 것이다. 이는 일시적인 것이 아닌 동영상 자료로 영원히 남는다. 자신만의 콘텐츠를 만드는 것이다.

그런데 이에 앞서 당신이 생각해 봐야 할 점이 있다. 왜 스타강사가 되려고 하는 것인가? 왜 학원이 아닌 매체를 통해서 자신의 수업을 보여 주어야 하는가이다. 자신을 보여 준다는 것은 장점만 있는 게 아니라 단점도 있다. 학생들에게 자신의 수업 영상을 무한 반복해서 보여 줄 수 있고 이에 따른 수입을 얻을 수도 있다. 한 번 찍어 놓은 영상을 계속해서 반복하는 구조이므로 어학원처럼 반복해서 가르칠 필요가 없다. 수업의 반응이 좋다면 스타강사로서의 길도 열리게 된다. 하지만 단점도 있다. 일단은 자신이 세상 사람들에게 노출되는 것이다. 자기의 얼굴이 노출된다는 것은 어찌 보면 자신의 모든 사생활이 드러난다는 의미이기도 하다. 연예인도 자신의 사생활을 존중받고 싶어 하지만 실상은 그렇지 않다. 또한 자신의 수업이 좋은 반응을 얻지 못한다면 이 분야에서 바로 생명력을 잃을 수도 있다. 자기 강의력을 이 분야에 종사하는 관계자들에게 알리게 되는 셈이 된다.

소위 인기 있고 잘나가는 배우나 가수가 억대 연봉을 받는 것에 반해 잠깐 활동하다가 멈춰서, 빈곤하게 사는 배우나 가수도 많다. 시장에서 사장되는 사람들이 더 많다는 얘기다. 이들은 얼굴이 알려져서 다른 직업을 선택해서 허드렛일하려고 해도 할 수 없다. 자신외 자존감 문제도 있지만 대중의 시선이 부담스러운 것도 있다.

스타강사도 마찬가지다. 자신이 노출된 후에는 다시 어학원으로 돌아가서 일하기에는 부담스러운 존재가 된다. 이외에도 장단점은 많다. 그래서 자신이 스타강사로 도전하기에 앞서 왜 스타강사로 도전하고자 하는지, 왜 오프라인 어학원이 아닌지를 신중하게 생각해 봐야 한다.

당신의 확고한 목표가 있을 때 단점도 감수하고 도전할 수 있다. 발생하는 모든 일을 그냥 받아들일 수 있다. 단지 돈을 더 많이 벌 수 있어서라고 생각하다가는 잃는 것이 더 많을 수도 있다. 한 동영상 사이트에서 강사로서 뜨기 위해서 낯 뜨거운 복장으로 수업하는 강사의 모습이 공개되었던 적이 있었다. 하지만 잠시 화제성이 되었지만, 오히려 사람들의 질타를 받았다.

요즘은 디지털 혁신 2.0 시대다. 모든 것이 빛과 같은 속도이다. 바로바로 후기가 올라오고 이를 모든 사람이 순식간에 공유한다. 당신에 대한 평가도 마찬가지다. 왜 스타강사가 되려고 하는지 신중하게 생각하고 도전하길 바란다.

마음 자세부터 바꾸자

당신이 스타강사로의 길을 선택했다면 어학원에서 수업에 임하는 마음 자세부터 바꾸어야 한다. 스타강사로의 마음을 가져야 한다. 스타강사로 가기 위해서 나에게 필요한 것이 무엇인지 파악해야 한다. 그래서 지금 근무하고 있는 곳에서 어떤 점을 배워야 하고 어떻게 성장할 수 있을지를 알아야 한다.

예를 들면, 자신이 지금 가르치는 학생들이 모두, '나의 수업을 집안에서 시청하고 있다면'이라고 가정해 보는 것이다. 나와는 만난 적도 없고 대화를 나누어 본 적도 없는 학생들에게 내가 어떻게 수업해야 그들이 쉽게 이해하고 공부하고 성적을 향상할 수 있을지 생각한다면 당신의 내면이 바뀌게 될 것이다. 나태했던 마음가짐에서 사명감을 가지고 수업하게 된다. 또한 자신이 수업하면서 학생들의 반응도 살피게 된다. 그로 인해 자기의 강의력이 향상된다. 어떤 점을 부각해야 하고 어떤 점을 수정해야 하는지를 계획하게 된다. 이를 위해서 어학원에 어떤 도움을 받을 수 있는지를 파악하게 된다. 이런 과정이 하루하루 쌓이다 보면 당신은 크게 성장할 것이다. 하루아침에 스타가 되는 사람은 없다. 목표를 정했다면 그에 따른 내면의 변화가 시작점이다. 내면이 달라져야 외면도 달라지는 것이다.

외모에 관심을 가지자

어학원의 강사들은 복장이 대체로 자유롭다. 청바지에 티셔츠를 입기도 하고 모자를 쓰기도 한다. 슬리퍼를 신고 수업에 들어가기도 한다. 너무도 자유롭다. 그런데 스타강사가 되고자 한다면 보여지는 이미지를 생각해야 한다. 지금 가르치는 학생들이 내가 어떤 복장을 하고 왔을 때 반응이 좋은지, 어떤 헤어스타일을 했을 때 보다 더 전문적으로 보이는지 등을 파악해야 한다.

청바지에 티셔츠를 대충 입고 있는 사람을 전문직에 종사하는 사람이라고 생각하는 사람은 없을 것이다. 검은 양복에 와이셔츠를 입는다면 더욱더 전문적으로 보일 것이다. 모자를 쓰기보다는 단정하게 자른 헤어스타일이 더 전문적으로 보일 것이다. 외모에서 풍기는 분위기로 신뢰감을 형성할 수 있다. 학생들은 더욱더 전문적이고 신뢰감 있는 강사에게 배우고 싶어 한다. 당신이 좋아하는 이미지보다는 학생들이 볼 때 어울리는 외모로 바꾸어야 한다.

모방하고 창조하라

당신이 스타강사가 되려면 현재의 스타강사를 보고 연구해야 한다. 지금의 스타강사는 하루아침에 그 위치에 오른 것이 아니다. 당신처럼 막연한 꿈을 가지고 계획, 연구, 노력, 시행착오를 반복한 사람들이다. 그 사람들을 보면서 자신의 스타일과 비교하라. 그래서 배울 수 있는 점을 배워야 한다. 그들의 말, 몸짓, 표정, 눈빛 등을 보면서 한 가지씩 수업에 적용해 보자. 너무 과하게 모든 것을 시도하면 역효과가 있을 수 있다. 한 걸음씩 나아가자. 그러면서 반응을 살펴보고 당신의 스타일에 맞게 창조하자. 완벽한 모방은 의미가 없다. 당신만의 스타일로 창조할 때 개성이 되는 것이다. 자연스럽게 연출되어야 한다. 따라서 하기는 어색함을 가져올 뿐이다. 당신도 계획하고 연구하고 시행착오를 반복하면 그들처럼 스타강사가 될 수 있다.

실전 같은 수업을 해 보자

어떤 강사는 시범 강의 준비를 정말로 많이 했는데 생각만큼 결과가 나오지 않았다고 한다. 이상하게 어색하고 긴장되고 생각도 안 나고 멍했다고 한다. 이는 실전 경험이 부족해서이다. 마찬가지이다. 수업도 매번 연습만 해서는 발전하기 힘들다. 자신의 수업에 카메라를 설치해서 실제로 스타강사가 되었다고 생각하고 수업을 촬영해 보자. 실제 촬영이라고 생각하고 복장부터 시작해서 수업에 필요한 모든 것을 준비하자. 막상 촬영이 들어가면 어색할 것이다. 몸짓, 손짓, 눈빛, 판서 등 고칠 점이 많을 것이다. 처음 촬영해서 보면 모든 것이 어색할 것이다. '자신이 아니었으면 좋겠다'라고 생각할 수도 있다. 하지만 이게 당신의 위치이다. 스타강사들도 처음에는 그랬다. 하지만 연습을 통해서 지금의 결과가 있는 것이다. 주변 강사들, 학생들, 지인들에게 보여 주고 피드백을 받아라. 그래서 수정하고 다듬어라.

한 번 찍을 때가 어색하지 두 번, 세 번 찍을 때는 아무렇지도 않고 더욱더 자연스러워질 것이다. 최고의 주가를 올리고 있는 유재석도 초기에 생방송에서 말을 더듬었다. 실수를 연발했다. 유재석도 방송 전에 얼마나 많은 연습을 했겠는가. 실전 경험이 부족해서 그런 것이다. 누구나 그렇다. 경험이 쌓이면서 익숙해지고, 편안해지고, 성장하는 것이다.

끼와 깡을 키워라

스타강사가 되면 동영상 강의를 촬영하기도 하지만 방송에도 나가야 하고 오프라인으로 많은 학생을 가르쳐야 한다. 이를 위해서는 끼와 깡을 키워야 한다.

첫째로, 끼를 키워야 한다. 끼는 바로 재능(Talent)이다. 끼는 타고나야 한다고 생각하지만 그렇지 않다. 자신이 가지고 있는 걸 모르는 것이다. 사람은 누구나 재능을 가지고 있다. 당신이 어학원 강사를 하고자 하는 마음이 있다면 숨겨진 끼가 있는 것이다. 다수의 학생 앞에서 가르치는 직업이다. 내재된 끼가 없다면 하겠다는 마음조차 생기지 않을 것이다. 단지 아직 덜 발견했을 뿐이다.

어학원에서 다양한 학생들을 가르치면서 끼를 발견하고 키워야 한다. 그러기 위해서는 정말로 몸과 생각이 자유로워야 한다. 그래야 발견할 수 있다. 수업에서 다양한 상황에 부닥쳐 보고 느껴 보아야 한다. 가르치다가 갑자기 생각이 나지 않을 때 이를 당황하지 않고 적절한 재치로 넘기는 상황 등을 겪으면서 키울 수 있다. 다양한 상황을 부담 없이 받아들이고 직면해 보겠다는 자세가 필요하다. 당신의 내재된 끼를 발견하고 발휘할 기회를 만들어 주어라.

둘째는 깡을 키워야 한다. 깡은 순우리말로 깡다구를 의미한다. 이는 어떤 일에 대한 오기와 배짱이다. 어떤 일을 두려움 없이 시작하는 것이다. 더 쉽게 말하면 근자감(근거 없는 자신감)이다. 올림픽 경기를 보면 아무리 실력이 뛰어나도 실전에서 좋은 결과를 얻지 못하는 경우도 많다. 하지만 실력이 조금 부족해도 실전에서 자신이 가지고 있는 것의 플러스알파를 발휘하는 사람도 있다. 이는 바로 깡의 차이라고 생각한다. 자신감만 믿고 대들어 보는 것이다. 깡으로 밀고 나가는 것이다. 결과와 관계없이 대들고 보는 것이다. 스타강사가 되려면 이것이 필요하다. 두려움을 느끼고 소심해진다면 아무것도 할 수 없다. 자신을 스스로 믿고 나아갈 때 자신감 있게 보이고 학생들도 그런 강사를 신뢰할 것이다. 자기 자신을 믿지 못하는데 무슨 일을 할 수 있겠는가. 깡으로 버티고 밀고 나가는 것이다. 인생은 도전하는 자의 것이다.

5. 연봉 1억, 공부방을 창업하라

공부방 사업은 미래지향적이다

　서점에 가 보면 공부방으로 성공한 사람들이 쓴 책을 심심치 않게 볼 수 있다. 공부방으로 연봉 1억을 벌었다고 하는 사람도 있다. 물론 모두가 그런 건 아닐 것이다. 조금 과장된 내용도 있을 것이다. 하지만 공부방이라는 것이 틈새시장인 것은 분명하다. 입시제도가 변함에 따라서 교육환경도 변하고 있다. 경제가 어려워지고 맞벌이 가정이 늘어나면서 자녀의 교육을 믿고 맡길 수 있는 곳이 필요해지고 있다. 자녀의 문제에 대해서 가깝게 소통하면서, 해결하고 싶어 하는 부모들도 늘어가고 있다. 가뜩이나 다양한 과목을 가르쳐야 하는데 이왕이면 저렴하면서도 실력이 향상되고, 관리도 잘해 줄 수 있는 곳을 찾는 것이 요즘의 현실이다. 이런 점으로 볼 때 공부방은 미래지향적인 대안이 될 수 있다.

　공부방 창업은 이런 시장을 겨냥해서 충분히 도전할만하다. 정해진 출근과 퇴근 시간이 없이 자유롭게 일하면서 돈을 벌 수 있다. 꽉 막힌 교무실이 아닌 편안한 자기 집에서 자신만의 교육철학으로 가르칠 수 있다. 누군가의 간섭도 억압도 받을 필요가 없다. 가정 살림과 병행도 가능하다. 자신만의 시간표를 만들어서 운영할 수 있다. 자신의 의지대로 계획적으로 이끌고 갈 수 있다. 월급제가 아니라 원생 수만큼 모든 수입을 가져갈 수 있다. 이런 장점이 극대화된다면 충분히 자신의 미래를 밝혀 줄 수 있다.

창업 준비 전에 배워야 할 7가지 항목

　자신이 공부방을 운영하고자 한다면 현재 근무하는 어학원에서 발생하는 모든 것이 공부방의 준비물이다. 어학원의 핵심적인 사항만을 간추려 놓은 것이 공부방 운영의 핵심 노하우와 자료가 되는 것이다. (이는 작게 보면 공부방이고 크게 보면 어학원의 설립 자료도 되는 것이다). 그래서 어학원에 근무하면서 다양한 것들을 배워야 한다.

첫째, 홍보 방법을 배워야 한다. 현재 근무하는 어학원은 어떤 방식으로 학원 홍보하는지를 살펴보아야 한다. 만약 홍보 전단이라면 어떤 문구와 디자인으로 되어 있는지를 살펴보고 당신이 공부방을 한다면 어떻게 만들 것인지를 미리 만들거나 생각해 보는 것이다.

둘째, 학생들의 입학과 퇴원 시에 명시된 정책과 수강료 책정 기준, 환불 기준 등을 자세히 살펴보고 자신만의 기준을 만들어야 한다.

셋째, 상담과 상담 후에 이루어지는 모든 사항을 배워야 한다. 자신이 많은 부모와 학생들을 대상으로 상담으로 하면서 느끼는 노하우와 처리 방법 등을 정리하여 언제라도 대처할 수 있도록 대비해야 한다. 이를 통해서 학부모와 학생이 바라는 사항을 공부방에 반영해야 한다.

넷째, 학원에서 배포되는 각종 안내문의 내용과 양식을 배우고 익혀야 한다. 중간고사와 기말고사 대비 학습 일정, 특강 안내, 재등록 안내 등 학원에서 이루어지는 모든 안내문을 파악해야 한다. 공부방을 운영하면서 어떤 형태로든 안내문을 만들 일이 생긴다. 안내문이 곧 공부방의 이미지를 결정할 수도 있다. 허섭한 안내문을 받고 자녀를 맡길 부모는 없을 것이다.

다섯째, 각종 이벤트를 살펴보아야 한다. 어떤 상황에서 어떤 이벤트를 하는지 알고 자신의 상황에 맞게 바꾸어야 한다. 중간고사에서 100점을 받을 때 문화상품권을 준다면 자신은 다른 방식으로 생각해 보아야 한다. 더욱더 독창적인 것이 무엇이 있을까, 어떤 이벤트가 좋을까를 생각해서 반영해야 한다.

여섯째, 어떤 커리큘럼이며 이를 활용하여 어떻게 시간표를 만드는지 알아야 한다. 이를 참고하여 자신이 가능한 선에서 장점은 살리고 단점은 보강하는 방법으로 모색해야 한다. 월수금과 화목토의 구조라면 자신의 상황에 맞게 월금 또는 화목으로 몇 시간을 어떤 과목으로 할 것인지를 정해 보는 것이다. 현재 커리큘럼과 시간표의 문제점을 반영하여 자신만의 커리큘럼과 시간표를 만드는 것이다. 어학원이 큰 규모이기 때문에 시도하지 못하는 것을 공부방이라는 작은 규모를 이용하여 활용해 보는 것이다. 틈새를 겨냥하는 것이다. 차가 다니지 못하는 곳을 오토바이로 빠르게 지나가는 것이다.

일곱째, 많은 강사의 다양한 수업 노하우를 배우는 것이다. 다른 강사의 수업 방식, 학생 관리 비법, 프린트 활용 방법, 성적향상 방법 등을 배워서 자신만의 방법으로 전환하는 것이다. 행여나 자신이 약한 부분이 있다면 보강하는 것이다. 이 외에도 많은 사항이 필요하다. 하지만 지금까지 설명한 7가지에 중점을 두고 살펴보면 자기만의 필요한 점이 또 발견된다. 당신이 어떤 지역에서 누구를 대상으로 어떤 커리큘럼으로 운영할지에 따라서 다를 수 있다. 상황별로 체크하고 기록하고 연구하자. 준비된 자만이 성공으로 가는 지름길을 만드는 법이다.

'미리보기'로 운영해 보자

당신이 공부방을 운영하고자 한다면 어학원에서 맡은 한 개의 반을 선정하여 운영해 보는 것이다. 실제는 그렇지 않지만, 자신의 공부방 학생들이라고 생각하고 가르치는 것이다. 담임 반이기 때문에 당신만의 재량을 발휘할 수 있다. 당신이 자유롭게 상담도 할 수 있고 안내문을 만들어 보낼 수도 있다. 커리큘럼과 시간표는 학원이 정해진 것을 그대로 사용하여 당신도 그렇게 정했다고 생각하면 된다. 이렇게 생각하면 당신의 생각과 행동이 달라진다. 수업에 들어가서 학생이 오지 않았다면 왜 오지 않았는지부터 세심하게 알고 싶어진다. 왜냐하면 공부방은 보통 1명이나 2명부터 시작한다. 그래서 초기에는 1명의 학생이 소중하다. 기초가 되기 때문이다. 공부방은 한 반에 많아야 5명이기 때문에 1명만 오지 않아도 표시가 난다. 행여나 그만둔 것은 아닌가 하는 생각도 들 수 있다.

수업 중간에도 이해했는지 안 했는지를 재차 확인하는 질문을 할 것이고, 이해할 때까지 가르치려 할 것이다. 확인 학습은 물론 과제물 점검까지 꼼꼼히 할 것이다. 수업 이후에도 부모님께 오늘 수업에 대해서 진지하게 문자나 전화로 알려줄 것이다. 평소에 어학원에서 가볍게 생각했던 사항들이 '나의 공부방 학생이다'라는 생각으로 달라진다. 지금 내가 쓰고 있는 한글에 '미리보기'라는 기능이 있다. 당신의 공부방을 이렇게 실습으로 '미리보기' 해 보는 것이다. 이렇게 공부방의 '미리보기'가 잘된다면 어학원에서도 베스트 강사가 될 것이다. 또한 공부방 창업의 '미리보기'도 성공적일 것이다.

성공한 사람의 경험을 배워라

창업은 개인 사업이다. 공부방은 1인 창업이다. 반드시 혼자서 운영해야 하는 창업이다. 교육청이나 관할 세무서의 법규를 참고해 보면 공부방은 자신이 생활하는 주거지이며 직원을 고용할 수 없게 되어 있다. 이것이 기본 상식이다. 이것도 모르고 단순히 의욕이 앞서 시작했다가 자칫하면 낭패를 볼 수 있다. 창업과 사업은 쉽지 않다. 그래서 준비를 철저하게 해야 한다. 그래서 필요한 것이 바로 성공한 사람의 경험과 노하우이다. 이를 잘 축약시켜 놓은 것이 바로 책이다. 공부방을 처음 시작하면서부터 성공하기까지의 과정이 들어 있다. 법적인 문제부터 시작해서 초기 비용, 구매해야 하는 항목, 홍보 방법, 시행착오 등 모든 것을 알려준다. 모든 상황이 당신과 같을 수는 없으나 배우고 익혀 미래를 대비해야 한다. 그 사람도 당신처럼 처음에는 막연했을 것이다. 현재의 당신과 비슷했지만, 성공을 이루었다. 먼저 길을 가 본 사람에게 길을 물어야 한다. 그래야 가시밭길이 아닌 평평한 길로 갈 수 있다. 그 사람처럼 당신도 성공할 수 있다. 그래서 당신도 당신과 같은 처지였던 사람에게 도움을 줄 수 있다. 그럼으로써 세상은 밝고 건강해질 것이다.

6. 교육 전문 컨설팅 회사를 창업하자

진로를 함께 고민하자

내가 학교 다닐 때만 해도 진로 상담이라는 것이 없었다. 학교 다니기에 급급했고 열심히 공부만 하면 된다고 생각했다. 부모들도 자녀들의 진로에 대해서 생각해 보지 않는 것이 보통의 가정이었다. 건강하게 자라서 남들처럼 대학교를 졸업하고, 회사에 들어가서 일하며 가정을 꾸리기를 바라는 게 상식적인 진로의 과정이었다. 자녀의 적성이나 취미, 특기는 중요하지 않았다. 무조건 공부만 잘하면 된다는 게 일반적인 통념이었다. 그래서 대학에 가서야 비로소 자신이 하고 싶은 걸 접하게 된다. 20살이 되어서야 자기 적성에 맞는 일을 접해 보고 알아 간다. 하지만 이는 너무 늦었다고 생각한다. 적성 위주의 교육환경을 가지고 있는 선진국에 비하면 굉장히 늦은 것이다. 다매체 다채널의 시대지만 아직도 현대를 살아가는 학생들은 적성보다는 국어, 영어, 수학 위주로만 교육받기를 강요받는다. 특목고, 명문대를 향해서만 질주한다. 성적 위주의 교육환경이다.

당신이 미래를 설계하는 데 할 수 있는 일이 여기에 있다. 영어 강사를 희망하는 학생들에게 진로 컨설팅을 해 주는 것이다. 실제로 내가 수업하면서 자신의 진로에 관해서 물어보면 영어 강사가 되고 싶다는 학생들이 꽤 있다. 중학교, 고등학교, 대학생들에게 영어 강사로의 길을 함께 고민해 주는 것이다. 올바른 길로 갈 수 있도록 미리 가이드라인을 제시해 주는 것이다. 한편으로는 빨리 자기 적성이 아니면 포기하고, 다른 직업을 찾도록 하는 것이다. 시간 낭비하지 않고 빨리 진로를 결정해서 나아가도록 도와주는 것이다. 진로를 함께 고민하고 공유하는 것이다.

경험이 곧 동기부여의 자료이다

"해고라도 한번 당해 보았으면 좋겠다, 매일 야근으로 지쳐 보았으면 좋겠다, 무슨 일이든 하고 싶다." 내가 대학을 졸업하고 취업이 안 되었을 때 생각했던 것들이다. 이 얼마나 비참한 것인가. 스펙을 쌓는 데 시간, 돈, 노력, 열정을 낭비하는 청년들. 지쳐 쓰러지고 자기 비난의 늪으로 빠져드는 사람들이다. 이제는 열정만으로도, 스펙만으로도 해결되지 않는 시대가 도래했다. 사회구조적인 문제를 개인의 문제로 탓하는 것도 한계에 직면했다. 똑똑하고 창의적인 인재들이 도서관에서 여전히 공부 중이다. 이렇게 방치하는 것도 국가로 보면 인재 낭비다. 이러한 시대에 당신이 젊은 청년들에게 할 수 있는 일은 어학원 강사로 취업할 수 있도록 컨설팅을 하는 것이다.

내가 책을 쓰고 있는 이유도 이들을 도와주기 위함이다. 당신의 경험이 그들에게 힘과 용기를 줄 수 있다. 영어 강사가 하고 싶은데 무엇을 어떻게 해야 할지 모르는 사람들에게 조언을 주는 것이다. 영어 강사로서 취업에 성공할 수 있도록 방향을 제시해 주는 것이다.

현대는 다매체 다채널의 시대다. 무엇이든 알고자 하면 얼마든지 자료를 수집할 수 있는 시대이다. 하지만 당신이 가지고 있는 경험은 수집할 수 없다. 당신의 경험은 돈으로 매길 수 없는 큰 가치가 있다. 그 경험으로 깨달은 생각은 상대방에게 사고방식의 전환을 가져다줄 수 있다. 이는 곧 동기부여가 되는 것이다. 그래서 취업에 성공하여 만족한 삶을 살고 있다면, 당신도 성공한 것이다.

인적 관리가 학원 경영의 미래다

경기 침체로 인해 어학원도 어렵다는 말은 한다. 학생 수가 반으로 줄어들었다는 말, 예전 같지 않다고 말한다. 교육업종은 경기 침체 외에도 교육환경의 변화, 입시제도의 변화 등 다양한 요소에 영향을 받는다. 하지만 영어라는 과목이 학교에서 없어지지 않는 한, 입시에 반영하는 한 영어는 배울 수밖에 없다. 그래서 지금의 원생 수가 줄어든 것은 일시적인 현상일 수도 있다. 또한 예전보다 많은 학원이 개원했기 때문일 수도 있다. 무엇보다 경영의 문제일 수도 있다. 학원경영이라고 하면 참 다양한 요소가 있다. 그중에서 나는 강사 관리가 중요하다고 본다. 고객인 학생을 직접적으로 접촉하는 사람이 강사이기 때문이다. 그래서 당신이 해야 할 일은 어학원에서 근무하면서 경험하고 깨달은 사항들을 알려 주는 것이다. 강사의 입장과 경영자의 관점에서 바라보는 관점의 차이를 해소하게 해 주는 것이다. 갈등을 해소하기 위한 컨설팅을 하는 것이다.

효율적인 인적 관리야말로 조직의 미래다. 강사가 없다면 학원도 없고 학생도 없다. 또한 학원을 운영하는 경영자가 없다면 강사도 설 자리가 없다. 서로 상부상조해야 하는 곳이다. 강사가 자주 바뀌는 학원은 당연히 학생들도 자주 바뀐다. 강사의 능력이 부족한 학원은 학생들이 오랫동안 수강하지 않는다. 강사를 괴롭히는 학원은 당연히 강사도 없고 학생도 없다. 당신의 컨설팅으로 학원의 미래를 밝혀 주는 것이다.

강의로 미래를 밝혀 주자

초등학생부터 대학생, 취업을 준비하는 구직자, 승진을 준비하는 회사원에 이르기까지 영어를 공부하는 사람들에게 필요한 것은 영어 학습 방법이다. 단지 공부만 한다고 해서 성적이 오르지는 않는다. 당신이 강사가 되기까지 공부한 방법, 강사가 되어서 학생들을 가르치면서 깨달은 점을 필요한 사람들에게 강의하는 것이다. 문법도 단지 외우기만 하려고 하면 결코 잘할 수 없다. 이 책에도 있듯이 당신만의 비법을 전달해 주는 것이다. 당신의 강의가 좋은 동기부여가 될 것이다.

또한 영어 강사를 희망하는 사람들에게 강의하는 것이다. 강사를 하면서 경험한 것을 공유하는 것이다. 강사의 생활, 학생들 관리, 교수법, 수업 전략 등을 공유하고 자신감을 불어넣어 주는 것이다. 그들이 궁금해하는 사항을 시원하게, 경험에 근거하여 알려 주고 좋은 길을 갈 수 있도록 동기 부여해 주는 것이다.

더 나아가 현재 영어 강사로 종사하는 사람들에게도 몰랐던 새로운 방법을 제시해 줌으로써 더욱더 전문성 있는 강사로의 길을 모색할 수 있도록 할 수 있다. 알고 모르는 것은 백지 한 장 차이다. 하지만 그 결과는 엄청나게 크다. TV에 나오는 유명한 사람만이 강의를 할 수 있는 것이 아니다. 당신도 당신의 분야에서 뛰어난 강사가 될 수 있다. 꿈과 희망을 줄 수 있고 미래도 밝혀 줄 수 있다. 그들도 처음에는 대중이 모르는 사람이었다. 작은 곳에서부터 시작해서 유명해진 것이다. 당신도 강의를 할 수 있는 곳을 찾아서 시작해야 한다. 세상에 조금이라도 도움이 될 수 있다는 마음으로 접근한다면 나중에는 당신을 찾는 곳이 많아질 것이다.

영어 전문 강사를 양성하자

학원 시장을 살펴보면 취업에 관련된 학원이 많다. 아나운서 아카데미, 연기 아카데미, 보컬 학원, 댄스 학원, 미술 학원 등 다양하다. 그런데 영어 강사를 양성하는 학원은 없다. 아나운서가 되고자 하는 사람은 아나운서 아카데미에 등록하여 아나운서로 성공하고, 그 사람이 아나운서 양성 학원을 설립하거나 강사로서 후배 아나운서를 양성한다. 대부분 학원이 이런 구조를 가진다. 그런데 영어 강사는 유독 그렇지 않다. 영어 강사가 되기 위해 전문적으로 가르치는 곳은 없다. 그런데 영어 강사를 필요로 하는 학원은 많다. 물론 TESOL이 있지만 이는 실제 수업과는 다소 차이가 있는 과정이다. 실질적으로 수업에서 활용할 수 있는 교육이 필요하다. 그래서 영어 강사 전문가 과정이 필요하다. 컨설팅 회사 속에 영어 강사 전문가 과정을 개설하여 영어 전문 강사를 양성하는 것이다. 더 이상 강사를 누구나 마음만 먹으면 할 수 있는 흔한 직업으로의 인식을 전문적인 직업으로 바꾸는 것이다. 강사에게 필요한 소양 교육부터 실습까지 모든 것을 가르치는 것이다.

그래서 다른 관계 기관이나 학원과 연계하여 취업을 지원해 주는 것이다. 학원에서는 실제 수업 환경에서 인증된 강사를 활용함으로써 신규 강사에게 있을 법한 위험을 감소시키고 업무의 능률도 향상할 수 있을뿐더러 학원 특성에 맞는 교육만 받고 바로 수업에 투입할 수 있어 학원에서는 비용도 절감할 수 있을 것이다. 강사도 막연하게 접근하기보다는 더 체계적으로 배우고 익혀 이 분야에서 빨리 성공할 수 있을 것이다. 배우라고 다 같은 배우가 아니고 가수도 다 같은 가수가 아니다. 강사도 마찬가지다. 강사도 다 같은 강사는 아닐 것이다.

2030
영어 강사 스타트

ⓒ 신경빈, 2024

초판 1쇄 발행 2024년 2월 28일

지은이   신경빈
펴낸이   이기봉
편집   좋은땅 편집팀
펴낸곳   도서출판 좋은땅
주소   서울특별시 마포구 양화로12길 26 지월드빌딩 (서교동 395-7)
전화   02)374-8616~7
팩스   02)374-8614
이메일   gworldbook@naver.com
홈페이지 www.g-world.co.kr

ISBN   979-11-388-2797-3 (13320)